Thomas Hübner

Die Kunst der Auszeit

Die Kunst der Auszeit

Vom Powernapping bis zum Sabbatical

Thomas Hübner

orell füssli Verlag AG

© 2006 Orell Füssli Verlag AG, Zürich
www.ofv.ch
Alle Rechte vorbehalten

Umschlagabbildung: corbis/zefa
Umschlaggestaltung: Andreas Zollinger, Zürich
Druck: fgb • freiburger graphische betriebe, Freiburg i. Brsg.
Printed in Germany

ISBN 3-280-05171-1
ISBN 978-3-280-05171-9
_____

Bibliografische Information der Deutschen Bibliothek:
Die Deutsche Bibliothek verzeichnet diese Publikation in der
Deutschen Nationalbibliografie; detaillierte bibliografische
Daten sind im Internet über http://dnb.ddb.de abrufbar.

Inhalt

5

8

Prolog

«Der Menschen Engel ist die Zeit.»
Friedrich W. Schiller

Einleitung

Typisches Beispiel

Herr Elber ist seit zehn Monaten im führenden Management eines mittelständischen Betriebes mit 2800 Mitarbeitern tätig. Er sitzt in der Lobby des Hotels, schenkt sich Kaffee nach und setzt das Gespräch fort.

«Es muss sich etwas ändern». Und weiter: «Ich muss das alles noch einmal überdenken ... aber mit meinen Kollegen kann ich darüber nicht reden, das geht nicht ... und für meine Freunde im Verein, die verstehen das nicht ... für die wirkt das immer irgendwie seltsam, wenn jemand in einer Position wie der meinen sagt, dass ihm alles zu viel wird ...»

Es folgt eine kleine Pause, dann entwickelt sich das Gespräch weiter. Elbers Gesprächspartner, ein Berater, der auf Auszeit spezialisiert ist, erfährt Einzelheiten über die berufliche Situation des 40-jährigen IT-Spezialisten. Dieser sieht sich vor die Wahl gestellt, entweder das berufliche Tempo durchzuhalten (und damit möglicherweise seine neunjährige, wertvolle Partnerschaft aufs Spiel zu setzen). Oder sich die Freiheit zu nehmen, sein Verhältnis von Beruf und Privatleben grundlegend neu zu bestimmen.

«Ich habe schon überlegt, ob ich einmal wegfahren soll, in eine schöne Gegend. Um endlich richtig Abstand zu bekommen ...»

«Und was hindert Sie daran?»

«Ich weiß nicht – zu viel Stille kann ich auch nicht vertragen, wenn es zu ruhig wird, drehen sich die Gedanken doch wieder nur um die Arbeit, den Vorstand, das neue Projekt ... Vielleicht sollte ich mir einen Coach suchen, so für einmal die Woche ...»

Während Elber und sein Berater sich weiter unterhalten, wird deutlich, dass der Manager zwar dringend eine Auszeit benötigt; um die richtigen Fragen zu stellen und die passenden

Antworten zu finden. Wie das genau aussehen soll, welche Form der Auszeit die für ihn passende ist, darüber möchte er sich jetzt endlich klar werden.

Mehr als Sabbatical und Beratung

Der schmerzhafte Spagat zwischen Beruf und Privatleben, wie Volkmar Elber ihn erlebte, ist nur ein Anlass von vielen, um eine Auszeit zu nehmen. In anderen Fällen sind gesundheitliche Probleme der Grund, latente Unzufriedenheit mit dem Job, eine Krisensituation oder private Motive. In den vergangenen Jahren ist hierfür das «Sabbatical» als Intervention in Mode gekommen. Dieses effektive Instrument erfordert zwischen zwei Monaten und einem Jahr an frei verfügbarer Zeit. Das erste Kapitel des vorliegenden Buchs gibt Auskunft über diese «Luxusvariante» der Auszeit.

Doch was ist, wenn Sie weder die Zeit noch die finanziellen Mittel haben, sich für einen so langen Zeitraum aus Ihrem Arbeitsumfeld abzusetzen? Heißt es dann sparen auf ein Sabbatical? Nein! Eine effektive Auszeit ist auch in wesentlich kürzeren Zeiträumen und mit weniger Aufwand zu verwirklichen!

Methoden und Werkzeuge für jede Lage

In diesem Buch finden Sie Methoden, die es Ihnen leicht machen, sich selbst ein guter Berater zu sein: Wer sagt schließlich, dass Sie auf einen anderen Menschen angewiesen sind? Der beste Sachverständige für Ihr eigenes Leben sind immer noch Sie selbst.

Aber auch für den Fall, dass Sie auf einen hilfreichen Spezialisten – zum Beispiel einen Coach – nicht verzichten wollen, lässt Sie dieses Handbuch nicht allein. Es gibt Ihnen Kriterien an die Hand, um die teilweise undurchsichtigen Beratungsangebote auf deren Gehalt zu überprüfen und die Frage zu beantworten: Woran erkenne ich einen guten Berater?

Vielleicht möchten Sie auch wissen, wie Sie Ihren Jahresurlaub einer Auszeit widmen können, wie Ihr Freizeitsport beschaffen sein muss, um eine Auszeitwirkung zu entfalten, was Meditation für die Auszeit leisten kann oder wie Sie sich per «Drei-Minuten-Auszeit» zwischen zwei Meetings revitalisieren können? Für diesen und viele andere Fälle finden Sie zahlreiche Hinweise, die Ihnen helfen, Ihre persönliche Auszeit zu verwirklichen – um welche Frage, welchen Wunsch oder welches Problem es sich dabei auch handeln mag.

Auszeit hat Zukunft

Doch warum überhaupt über Auszeit schreiben, weshalb verdient dieses Thema so viel Aufmerksamkeit? Dieser Frage wenden wir uns erst hier zu, auf Seite 12; denn beruflich und privat stark engagierte Menschen (seien es nun Manager, Alleinerziehende, Politikerinnen oder Selbstständige) benötigen kaum eine solche Erklärung. Sie wollen diesen Bedarf nicht erörtern, sie spüren ihn am eigenen Leib und möchten ihn in ihrem eigenen Leben erfüllt wissen.

Um nicht alleine auf diese «gefühlten» Wahrnehmungen angewiesen zu sein, können Sie nachfolgend drei verschiedene Perspektiven verfolgen. Sie treffen sich in der Argumentation, dass intelligentes Auszeitmanagement für unsere künftige Arbeitswelt zunehmend an Bedeutung gewinnt. Einige dieser Gedankengänge erfordern etwas Kopfarbeit; der Lohn dieser Anstrengung gipfelt jedoch in einem Nettogewinn an Einsicht. Einsicht zu brennenden Fragen unserer Zeit.

I. Wir haben die Qual der Wahl

Die Gesellschaft hat sich gewandelt und stellt neue Anforderungen an den Einzelnen, beruflich wie privat. Zwar war früher nicht alles besser. Aber eines war doch deutlich einfacher: sich zu orientieren, sein Leben zu planen. So wussten etwa unsere Großeltern noch ziemlich genau, welchen Lebensweg sie entlang ihrer sozialen Herkunft einschlagen würden. Dagegen steht der gut ausgebildete Mensch von heute vor einer Vielzahl von

Optionen und Alternativen. Egal, ob es um Karriere, Partnerschaft oder andere zentrale Lebensbereiche geht, stets konkurrieren unterschiedliche Angebote und Varianten miteinander.

Das Resultat: Wer heute in Karriere oder Privatleben Entscheidungen treffen muss, kann die Möglichkeiten, die ihm offen stehen, kaum mehr überblicken. Abstrakter formuliert: Die Komplexität des Lebenshorizontes hat den Horizont des Akteurs längst «überwachsen». Allerdings müssen die Betroffenen trotz Überforderung ihr Leben in die Hand nehmen, sprich auswählen und entscheiden.

Der Soziologe Dirk Baecker spricht ganz drastisch davon, dass wir gleichzeitig – während wir noch handeln – davon wissen, dass das, «was heute wichtig ist, morgen schon unwichtig sein kann». Kommen unter diesen Bedingungen Entscheidungen zustande, sind diese naturgemäß mit einer gewissen Unsicherheit belastet: Es bleibt das Risiko, sich falsch entschieden zu haben: «Hätte ich nicht besser ...?», «Sollte ich nicht vielleicht doch ...?», «Was wäre gewesen, wenn ...?»

In Kombination mit einer zunehmend rasanten Lebensgeschwindigkeit, die gerade beruflich engagierten Menschen eine intensive Auseinandersetzung mit dem eigenen Lebensentwurf erschwert, kann das moderne Dasein nicht mehr als etwas beschrieben werden, das einfach und klar ist, ja, sich quasi von selbst lebt. Vielmehr entpuppt sich die Existenz als risikoreiches Unterfangen, dessen «Plan» kontinuierlich gepflegt und auf seine Tragfähigkeit geprüft sein will. Inseln im Alltag (etwa eine Auszeit) bieten einen attraktiven Rückzugsraum, welcher es ermöglicht, das zu tun, was notwendig erscheint: den persönlichen Lebensweg immer wieder neu zu bedenken, zu überprüfen und nötigenfalls zu korrigieren.

Eine zweite, aktuell gefärbte Perspektive verleiht der Forderung nach einem reflektierten Auszeitkonzept gleichfalls Nachdruck: die Orientierung an Höchstleistung.

II. Leistung, Leistung, Leistung

Im gegenwärtigen wirtschaftlichen Sorgenklima gedeiht die Befürchtung vieler Menschen, dass ihr Arbeitsplatz nicht mehr so sicher ist, wie er es einmal war. Um diese Situation zu bewältigen, stehen dem Einzelnen unterschiedliche Strategien offen. Für das Thema Auszeit ist eine ganz spezielle Haltung von besonderem Interesse: Aus Sorge, bald zum überflüssigen Teil der Belegschaft zu gehören, überschreiten gerade engagierte Menschen häufig die Grenzen ihrer Leistungsfähigkeit. Der Nachteil: niemand kann sagen, wann es genug ist. Ein offizieller Grenzwert für Anstrengungsverhalten, ab welchem dem einzelnen Menschen gesundheitliche Gefahr droht, besteht nicht. Insbesondere Managern und Selbstständigen fällt es schwer, die Arbeit zum passenden Zeitpunkt ruhen zu lassen. Häufig erfahren diese Menschen ihre persönliche Grenze erst dann, wenn der Körper rebelliert: Schlaflosigkeit, Nervosität, Magenprobleme oder komplexe Schadensmeldungen wie das so genannte Burnout-Syndrom – bis hin zu Herzinfarkt bzw. anhaltendem Unwohlsein in der eigenen «Haut». Dies sind Zeugen der Versuchung, die persönlichen Grenzen nicht nur punktuell, sondern auf Dauer zu übertreten.

Eine angemessene Auszeitstrategie kann vorbeugend oder auch kompensierend wirken. Doch dazu bedarf es eines Konzepts, welches exakt auf das individuelle Auszeit-Bedürfnis zugeschnitten ist.

III. Professionalisierung ist nötig

Die dritte Perspektive gewinnen wir mit einem Blick auf die derzeitige Auszeitpraxis. Zwar gönnen sich viele Menschen eine Auszeit; auch wenn sie das, was sie dann tun, vielleicht nicht so nennen würden. Doch mangels weiterführender Kenntnisse bleiben sie oft unter ihren Möglichkeiten und können ihr

«Time-out» nicht so effizient und effektiv gestalten, wie sie es für sich selbst wünschen.

Gerade Vertreter des Managements, welche nicht selten mit einer 55- bis 60-Stunden-Woche konfrontiert sind, äußern oft, dass sie sich gerne umfassender informieren würden – aber entsprechende Angebote vermissen. So bekämpft Vorstandsmitglied Dr. Claudia Reiner ihren, wie sie sagt, «aktuellen Stress» mit Sport und bedauert, dass sie dabei auf keine bessere Expertise zurückgreifen kann als die dürftigen Erinnerungen an den Schulsport. Um ein allgemeines Fachbuch zu Ausgleichssport durchzuarbeiten, fehlen ihr jedoch Zeit und Interesse.

Für diese und andere Bedürfnisse finden sich hier ausführliche Antworten. Der Text geht speziell auf die Situation engagierter und belasteter Menschen ein. Insofern ist dieses Buch auch eine Anleitung, den manchmal riskanten, weil unprofessionellen Umgang mit Auszeit zu ersetzen: durch eine hochwertige Auszeitkultur.

Zu Inhalt und Struktur

Es ließen sich weitere Perspektiven nennen, welche für die «rosige» Zukunft einer entwickelten Pausenkultur sprechen. Aber in diesem Buch geht es vor allem um die gelebte Praxis. Deshalb sind die einzelnen Kapitel so konzipiert, dass sie dem Leser eine Fülle von «Material» in die Hand geben. Ganz gleich, ob es darum geht, Vergangenes zu bedenken, die Zukunft zu gestalten oder einfach auf intelligente Weise auszuruhen und neue Kräfte zu sammeln.

Vielleicht wollen Sie das Buch von vorne bis hinten durchlesen, um sich (unabhängig von einem konkreten Aufhänger) einen Überblick zu verschaffen. Möglicherweise sind Sie an ein bestimmtes Zeitbudget gebunden oder suchen nach konkreten Vorschlägen für Ihre persönliche Auszeit. Dann hilft Ihnen die Einteilung von XL bis S weiter, welche die verschiedenen Auszeitformen danach unterscheidet, wie viel Zeit Ihnen zur Verfügung steht.

Während die längste Auszeiteinheit XL mehrere Monate in Anspruch nimmt, begnügt sich die Auszeit S bereits mit wenigen Minuten. Zwischen diesen beiden «Extremen» finden Sie die Zeiträume L und M. Zur Orientierung beschreibt jedes Kapitel in einer Einführung, für welchen Anlass die jeweilige Auszeit geeignet ist. Am Ende jedes Kapitels stehen ausführliche Literaturhinweise, stellenweise ergänzt durch wichtige Adressen.[1] Der chronologische Aufbau der Kapitel, etwa von den ersten Überlegungen bis zum Review eines Sabbaticals, lässt sich als persönlicher Leitfaden einsetzen.

[1] Nach Möglichkeit werden Wegweiser für Deutschland, Österreich und die Schweiz angeführt.

Literatur

Baecker Dirk: Komplexität als Problem. In: Postheroisches Management, Merve Verlag, Berlin 1993.

Borscheid Peter: Das Tempo-Virus. Campus Verlag, Frankfurt 2004.

Barrios-Choplin Bob/McCraty Rollin: An inner quality approach to reducing stress and improving physical and emotional wellbeing at work. In: Stress Medicine, Bd. 13, 1997.

Maier Corinne: Die Entdeckung der Faulheit. Goldmann, München 2005.

Virilio Paul: Ästhetik des Verschwindens. Merve Verlag, Berlin 1986.

Auszeit XL – Das Sabbatical

«Was man nicht tun kann, tut die Zeit.»
Sprichwort aus der Schweiz

Zeitbedarf: 2 bis 12 Monate

Diese Art der Auszeit bietet Raum, um ...

* sich persönlich um- oder neu zu orientieren.
* für einen längeren Zeitraum verstärkt die Familie (oder ein anderes Projekt) in den Vordergrund zu stellen.
* sich zu erholen, zu regenerieren – etwa nach einer längeren Phase intensiver (beruflicher) Belastung.
* zu sehen und zu erfahren, was geschehen kann, wenn nichts geschehen muss.

In diesem Kapitel finden Sie Antwort auf folgende Fragen:

* Was kann ein Sabbatical für mich leisten?
* Wie kann ich mein Sabbatical gestalten?
* Wie bereite ich ein Sabbatical vor?
* Wie kann ich mein Sabbatical zielgerecht durchführen?
* Was muss ich beachten, um das Sabbatical zu finanzieren?
* Wie vertrete ich das Sabbatical gegenüber meinem Arbeitgeber (Argumente)?
* Was muss ich bei meinem beruflichen Wiedereinstieg beachten?

I. Reif für den Sabbat

Als Klaus März zum ersten Mal eine Beratung aufsucht, ist er wegen einer Angina Pectoris in ärztlicher Behandlung. Dabei handelt es sich um eine komplexe Erkrankung des menschlichen Organismus, welche oft auf psycho-physische Stressfaktoren zurückzuführen ist. Die begleitenden Symptome sind denen eines akuten Herzinfarktes verwechselbar ähnlich.

Auf eigene Verantwortung hat März (zu dieser Zeit Projektleiter in einer international orientierten Unternehmensberatung) die stationäre Behandlung im Universitätsklinikum abgebrochen. Er wird nun von einem niedergelassenen Arzt ambulant betreut.

Als er sich mit seinem Berater in Berlin trifft, hat ihn zwar das Angst einflößende Engegefühl in der Brust verlassen. Dafür sind andere Symptome hinzugekommen, wie spätes Einschlafen und häufiges Erwachen sowie eine Art von «dauernder Erschöpfung». Klaus März schildert seine persönliche Situation und schließt mit der Vermutung, dass es sich bei seinem Zustand wohl um ein «Burnout-Syndrom» handle. Ein solches taucht bei Menschen auf, die über einen längeren Zeitraum hinweg unter zu starker emotionaler oder körperlicher Belastung stehen.

März ist sich bewusst, dass diese – vorerst selbst gestellte – Diagnose erst noch durch einen spezialisierten Arzt bestätigt werden muss. Doch er ist (zusammen mit seiner Schwester, mit welcher er in seiner Freizeit ein Jazzlokal betreibt) zum Schluss gekommen, dass «ich endlich einmal ausreichend Zeit für mich selbst brauche ... und das nicht nur für einen Kurzurlaub».

Der Berater fragt, wie er sich das vorstelle.

Einfach raus – aber was heißt das ...

«Wissen Sie», auf seinem Gesicht zeigt sich ein Lächeln, das auf eine feste Freundschaft mit einem bestimmten Gedanken schließen lässt, «am liebsten würde ich mal für längere Zeit etwas völlig anderes machen … einfach raus, weg. Ohne gezwungen zu sein, schon wieder an das zu denken, was nächste Woche ist.»

In der Folge sprechen sie über die Chancen und Risiken eines solchen Vorhabens: nämlich beinahe übergangslos, aus einer extremen Arbeitsbelastung heraus, das andere Extrem aufzusuchen, die Auszeit. Viel Zeit verwenden die Gesprächspartner darauf, das bislang zielarme «Einfach raus» in eine konkrete Vorstellung zu verwandeln.

«Welche Gedanken und Bilder entstehen, wenn Sie das sagen: einfach weg …?»

«Als Jugendlicher habe ich einmal <Interrail> gemacht … ein Bahnticket gekauft, das vier Wochen gültig war. Einfach los, das war ein tolles Gefühl. Aber damals war ich Jugendlicher, und mit meiner heutigen Situation ist das nicht so recht vergleichbar …»

«Vielleicht. Andererseits hat irgendetwas in Ihnen auf meine Frage hin spontan dieses Bild bereitgestellt. Vielleicht müssen wir es nur für Ihre heutige Situation übersetzen.»

«Sie meinen, nachsehen, ob so etwas Ähnliches für mich auch heute noch machbar ist?!»

«Genau. Wie wichtig ist es für Sie, dass Sie in dieser freien Zeit keine Verpflichtungen haben?»

«Fundamental.»

«Wie fühlt sich das an, wenn Sie – wie bei dem erwähnten Interrail – an einen vierwöchigen Urlaub in einem Land Ihrer Wahl denken?»

«Das ist zu wenig, da ist mir die Arbeit zu nahe. Ich … wenn ich ehrlich bin, erscheint mir der Gedanke an einen echten Ausstieg immer attraktiver.»

«Darf ich eine Frage stellen, die Ihnen vielleicht etwas seltsam vorkommt?»

«Nur zu.»

«Sie haben gerade von einem ‹echten Ausstieg› gesprochen. Woran würden Sie merken, dass der Ausstieg, den Sie nehmen, unecht ist?»

«Das ist wirklich eine komische Frage, aber lassen Sie mich mal nachdenken ... wie gesagt, wenn ich meine beruflichen Verpflichtungen auf Sichtweite habe, dann wäre das natürlich keine echte Auszeit ... also wenn ich bis ans Ende sehen kann, wenn ich quasi am Tag Nr. 1 schon Tag Nr. 28 im Blick habe.»

«... und bei einem Zeitraum von vier Wochen wäre das genauso?!»

Luftholen und atmen ...

«Ja – im Grunde, wenn ich das genauer formulieren sollte, würde das lediglich einen Aufschub bedeuten in meiner Situation. Ein bisschen Luft holen, um dann gleich wieder die Luft anzuhalten und unterzutauchen, bis ich irgendwann wieder gar keine Luft mehr bekomme.»

Am folgenden Tag setzen Klient und Berater das Gespräch fort. Sie verdichten das intensive Bild von Luft holen und atmen, indem sie herausarbeiten, was sich für Dr. März mit dieser Metapher verbindet.

Zunächst steht das «Luft Anhalten» ganz diffus als Platzhalter für die momentan empfundene «Tretmühle» des Alltags. Das vage Gefühl weicht rasch einer präzisen Vorstellung, wie in einer Auszeit das erwünschte «freie Atmen» zu verwirklichen wäre: Zum Wunsch nach einer längerfristigen Freiheit (von beruflichen Verpflichtungen) gesellt sich das Bedürfnis, Karriere und Privatleben intensiv zu reflektieren. Dr. März möchte seine persönlichen Prioritäten grundsätzlich überdenken, eventuell in eine andere Rangfolge bringen. Dies sollte jedoch frei geschehen, losgelöst von dem Druck, sich beeilen zu müssen. Einen Zeitraum von fünf Monaten «oder besser noch, einem halben Jahr», sieht März als ausreichend an, um genau das zu leisten.

21

«Ein bisschen komisch ist mir bei diesem Gedanken schon. Ich habe das Gefühl, dass in meinem Leben eine echte Veränderung ansteht ...»

«Vielleicht, vielleicht aber auch nicht. Wenn Ihnen das möglich ist, dann machen Sie sich auf alles gefasst. Vielleicht bleibt auch alles beim Alten. Und es ist doch nicht mehr so, wie es war, weil Sie als ein Anderer zurückkehren, in Ihre für kurze Zeit verlassenen Lebensbezüge.»

Am nächsten Tag geht März wieder an seine Arbeit, aber nur für drei Wochen. Denn er kann sich auf eine Gewinn bringende Auszeit freuen. Er hat das Glück, dass sein Vorgesetzter ihm den Rücken freihält bei seinem Vorhaben. Aus nachvollziehbaren Gründen unterstützt nicht jedes Unternehmen mit Freuden ein solch kurzfristig erbetenes Sabbatical.

I.1 Es muss nicht gleich ein Burnout sein

Beruflich belasteten Menschen ein Burnout zu unterstellen oder wenigstens vor dieser Gefahr zu warnen ist in unserer Gesellschaft Mode. Dabei stehen die Verkünder solcher Botschaften nicht selten auf dünnem Eis. So publizieren Journalisten oft Ergebnisse von zweifelhaften «Studien», ohne diese auf deren tatsächliche Aussagekraft hin zu überprüfen.

Burnout im Management

Vertreter des Managements, so ist dann in regelmäßigen Abständen zu lesen und zu hören, seien besonders anfällig für ein Burnout. Manche der entsprechenden «Studien» beschreiben gar einen Großteil dieser Berufsgruppe als gefährdet, an Burnout zu erkranken. Demgegenüber qualifizieren seriöse Untersuchungen viele dieser so genannten Erkenntnisse als stark übertrieben.[2] Dennoch ist das Burnout-Syndrom medizinisch mittlerweile als ernsthafte Erkrankung anerkannt. Allerdings fällt es schwer, sie zu klassifizieren, das heißt, von anderen Erkrankungen abzugrenzen. Als Ursache werden chronischer Stress und Überlastung am Arbeitsplatz diskutiert, aber auch Infekte oder Gifte, die den Körper andauernd schwächen. Ungelöste Dauerkonflikte in Berufs- oder Privatleben gelten ebenfalls als Auslöser.

Woran ist der Burnout zu erkennen?

Die Symptome des Burnouts gestalten sich vielfältig. Das Leitsymptom: Der Betroffene fühlt sich stark abgeschlagen und zeigt sich über einen Zeitraum von mindestens sechs Monaten hinweg nur eingeschränkt leistungsfähig. Andere Hinweise auf Burnout sind grippeähnliche Symptome, Gereiztheit, Rückzug aus sozialen Bezügen, Schlafstörungen oder Depressionen.

Besteht ein begründeter Verdacht auf Burnout, ist eine differenzierte Diagnose, am besten durch einen spezialisierten Mediziner, notwendig. Dabei untersucht der Fachmann den Körper auf versteckte Erkrankungen, nimmt Ernährungsgewohnheiten unter die Lupe und überprüft (gemeinsam mit dem Patienten) dessen allgemeine Lebensumstände – immer mit Blick auf verdächtige Faktoren.

Je nach Befund reicht die folgende Behandlung von einer medizinischen Therapie über Stressbekämpfung bis hin zu einer beratenden Intervention. Ziel: Lebenskonzept und Wertehierarchie des Betroffenen zu überdenken.[3]

---

[2] Besondere Vorsicht scheint geboten, wenn die Promoter solcher Studien gleichzeitig als kommerzielle Anbieter von Maßnahmen zur Kompensation der erhobenen Missstände auftreten. Ein handlungsleitendes Interesse hier von vornherein auszuschließen, wäre fahrlässig.

[3] Zur Intervention durch Beratung vergleiche die Beiträge in «Auszeit M».

Erholungsbedürftig – Auch ohne Burnout

Sicherlich ist Burnout ein ernst zu nehmendes Phänomen. Gleichwohl zeigt sich die Mehrheit der Auszeitnehmer – auch nach der Erfahrung des Autors – von diesem Zustand glücklicherweise noch nicht betroffen. Allerdings nutzen manche Auszeitler die Chance eines Time-out, um sich rechtzeitig mit ihrer Situation auseinander zu setzen; gerade weil sie erste Symptome eines Burnouts (wie häufige Müdigkeit, ständige Gereiztheit oder schlechten Schlaf) bei sich erkennen.

Allerdings sind solche Zustände akuter Erschöpfung nicht das einzige Motiv, welches Leistungsträger dazu veranlasst, eine Auszeit zu nehmen. Weitere wichtige Gründe, warum Menschen ein längeres Time-out nehmen, finden Sie im folgenden Kapitel genannt.

II. Motiv-Forschung – «Warum ein Sabbatical?»

Im Rahmen ihrer Promotion zum Thema Sabbatical ermittelte Barbara Siemers auffällig oft «alltagsnahe Verwendungszwecke».[4] Die Menschen möchten …

- sich regenerieren (nach einer stark fordernden Lebensphase).
- verstärkt familiären Aufgaben nachkommen (Erziehung, Pflege von Angehörigen, Hausbau).
- sich beruflich weiterbilden oder speziell qualifizieren (Promotion, Sprachen lernen).

Diese Ergebnisse stehen in Kontrast zu den Beweggründen, welche deutschsprachige Medien in ihren «Aussteigerberichten»

---

[4] Siemers Barbara: Einfach mal raus – Aussteigen auf Zeit. In: Politische Ökologie, Heft 75/2002, S. 22 – 24.

nach vorne stellen. Dort wird gerne das Motiv der Zeitsouveränität angeführt – um beispielsweise die lang ersehnte Abenteuerreise anzugehen oder einen Kulturtripp über den südamerikanischen Kontinent zu unternehmen. Folgt man dagegen Siemers Erhebung, dann erfüllt sich der durchschnittliche Auszeitler nicht einen Traum, sondern reagiert mit seinem Ausstieg auf eine wie immer geartete «strukturelle Notsituation».

Offene und verdeckte Motive ...

Allerdings ist es nahe liegend, dass nicht jeder seine wahren Gründe für eine Auszeit offenlegt. Statt von Erschöpfung zu sprechen (oder dem Wunsch, sich existenziell neu zu orientieren), ist es schlicht unverfänglicher, das Fernweh oder eine familiäre Notwendigkeit in den Vordergrund zu rücken.

So kann jemand, der in seiner Auszeit eine Reise tut, «etwas erzählen», wie das Sprichwort sagt – vor allem aber kann er damit rechnen, auch weiterhin als «belastbar» eingeschätzt zu werden. Wer hingegen eingesteht, dass er erschöpft ist, familiär nicht zurecht kommt oder sich in seinen Lebensbezügen neu orientieren will, sollte nicht unbedingt darauf zählen, dass ihm diese Ehrlichkeit vorteilhaft ausgelegt wird. Schließlich leben wir in einer Gesellschaft, die sich zentral über den Leistungsbegriff definiert. Der «Reise-Fake» ist ein legitimer Kunstgriff, mit welchem sich mancher hervorragende Angestellte Ruf und Karriere rettet.

Das Sabbatical hat eine himmlische Tradition

Der Ausdruck «Sabbatical» ist biblischer Herkunft und leitet sich vom hebräischen Wort «Schabbat» ab. Die Wurzeln dieses 6000 Jahre alten Auszeitbegriffs gründen in der geschichtlichen Überlieferung, dass – salopp gesprochen – sogar der Konzernchef der «Universum-AG», seines Zeichens Schöpfer des Himmels und der Erde, am Siebten Tag ausruhte von seinem Schöpfungsprojekt. Indem der Allmächtige den persönlichen «Work-Flow» auf null fuhr und Leerlaufzeiten für die himmlischen Produktionsstrassen in Kauf nahm, hat er dem Menschen ein verbindliches Vorbild gegeben für dessen Lebensarchitektur.

So gilt für streng gläubige Juden am Sabbat heute noch striktes Ruhegebot. Doch was genau bedeutet es, dieses Gebot zu beachten? Ist es am Sabbat erlaubt, eine Ziege aus dem Brunnen zu holen, welche dort hineingefallen ist? Darf der Gläubige, so fragen sich Gelehrte heute, zu Fuß ins Kino gehen. Oder bricht er damit schon den Sabbat? Über die Jahrhunderte hinweg entstanden entlang solcher Fragen Antwortkataloge – Verzeichnisse, die von höchster Lehrautorität autorisiert waren (und bis ins Detail genau vorschreiben, was der Gottgefällige am Sabbat tun darf und was nicht).

Allerdings setzt sich heute der überwiegende Teil der jüdischen Bevölkerung über solche Vorgaben hinweg. Darin unterscheidet sich die jüdische Bevölkerung nicht von der christlichen Welt des Westens. Deren sonntäglicher Ruhetag ist, historisch gesehen, ebenfalls vom jüdischen Sabbat des Alten Testaments inspiriert.

Folgt man modernen Interpretationen, dann zielt die ursprüngliche Intention des Sabbats nicht darauf, haarscharf zu unterscheiden, was der Mensch am Sabbat tun oder lassen soll. Vielmehr macht der Sabbat auf den besonderen Umstand aufmerksam, dass produktive Menschen ein schwieriges Verhältnis zum Thema Erholung haben. Statt Auszeiten als wichtige Grundlage für intensiv gelebte Einzeiten zu akzeptieren, neigen sie dazu, sich selbst und die Strukturen (in denen sie wirtschaften) rücksichtsarm zu überlasten.

In diesem Licht erscheint es als kluge Strategie, dass der Schöpfer am Sabbat nicht nur den Menschen vor sich selbst (und seinem produktiven Drang) in Schutz nimmt, sondern auch den Acker vor dem Bauern, der ihn bewirtschaftet: Im siebten Jahr durfte das Land nicht bepflanzt werden. Dieses Gebot sollte verhindern, dass die Böden an Nährstoffen verarmen und auslaugen. Die Assoziation mit der Burnout-Problematik chronisch überforderter Leistungsträger liegt somit nahe.

Planung ist zwar nur das halbe Leben – aber das ist es immerhin

Unabhängig davon, unter welchem Motto Ihre persönliche Auszeit steht, ist das Sabbatical ein Ereignis, welches eine bedachte Planung nötig macht – in Vorbereitung und Durchführung. Im folgenden Kapitel beschäftigen wir uns mit den hierbei anfallenden Aufgaben.

III. Das Sabbatical vorbereiten

«Für mich gibt es nur eine Regel:
klar zu sein. Bin ich es nicht, so
stürzt meine Welt in sich
zusammen.»

Stendhal, Briefe

III.1 Ohne Ziel kein Weg

Beantworten Sie zunächst die Frage, was genau Sie mit dieser Auszeit erreichen wollen. Stehen Ihre Ziele fest, dann geben Sie sich Rechenschaft darüber, an welchen Merkmalen Sie erkennen, dass Sie diese tatsächlich erreicht haben. Nur so können Sie unterwegs überprüfen, ob Sie Ihrem Vorhaben tatsächlich näher gekommen sind.

Vielleicht formulieren Sie zunächst das Ziel: «Ich möchte mich körperlich und geistig erholen.» Das sagt noch nichts Konkretes aus. Die Unschärfe birgt zwar den «Vorteil», dass Sie das Ziel schwerer verfehlen können. Für ein kostbares Auszeit-projekt hingegen taugen solche diffusen Formulierungen wenig. Deshalb: Präzisieren Sie Ihr Ziel durch definierte Kriterien!

Beispiel: «Dass ich mein Ziel erreiche oder ihm näher komme, erkenne ich daran, dass ...

- ich wieder Lust habe, mich neuen beruflichen Herausforderungen zu stellen.
- ich mich darauf freue, mein Buchprojekt wiederaufzunehmen.
- ich beim Laufen zehn Kilometer in 50 Minuten zurücklege.»

III.2 Ohne Weg kein Ziel

Es empfiehlt sich, zumindest für die ersten Wochen Ihres Sabbaticals einen Plan zu erstellen. Gerade wenn Sie verhältnismäßig viel Zeit zur Verfügung haben, kann es geschehen, dass Sie sich in Sicherheit wiegen, was Ihre Zeitplanung angeht und sich dann zu spät auf das konzentrieren, was Ihnen wichtig ist. War Ihr Tagesablauf vorher stark strukturiert und Ihr Leben dicht getaktet? Umso sinnvoller ist es, zumindest ein Minimum dieser Halt gebenden Struktur zur Hand zu haben. Folgende Leitfragen unterstützen Sie bei Ihrer Planung:

- Wie werde ich die genannten Ziele umsetzen?
- In welche Teilschritte kann ich die festgelegten Ziele gliedern?
- Was unternehme ich während der ersten drei Wochen, um diesen Zielen näher zu kommen?
- Bis wann will ich welche Teilziele verwirklicht haben?
- Was benötige ich dazu an weiteren Mitteln? Wie muss ich mich vorbereiten?
- Welche Widerstände erwarte ich auf meinem Weg? Wie kann ich diese überwinden?

Eine seriöse Vorbereitung wird Ihre Spontaneität nicht eindämmen; vorausgesetzt, Sie sind sich bewusst, dass Sie selbst Herr (oder Herrin) über Ihr Projekt sind. Das schließt ein, dass Sie jederzeit alle Pläne über den Haufen werfen können, wenn Ihnen das angebracht erscheint.

III.3 Begleitung macht Sinn

Vielleicht retten Sie sich aber gerade so – mit den letzten Reserven – in die Auszeit. Für eine Planung haben Sie weder Kraft noch einen freien Kopf. In diesem Fall ist es ratsam, eine professionelle Begleitung zu wählen (Berater/Beraterin). Suchen Sie sich eine Person ihres Vertrauens, um mit ihr zusammen das Vorhaben in die richtigen Bahnen zu lenken. Zu zweit gelingt es besser, bislang vagen Zielvorstellungen klare Konturen zu verleihen.

Und schließlich: Das Time-out ist für viele Menschen eine bewegte Zeit, für Herz und Hirn. Stimmen können sich zu Wort melden, die sonst von den Geräuschen des Alltags übertönt werden. Ideen steigen auf, Sehnsüchte, Wünsche und Ängste. Da ist es gut, wenn Sie auf jemanden zurückgreifen können, der Ihnen hilft, diese Impulse zu ordnen und zu verarbeiten. Zumal wenn es Ihr definiertes Ziel ist, sich neu zu orientieren (beruflich, privat), können Sie den Prozess stark intensivieren, indem Sie sich einen solchen Sparringspartner gönnen. Bei der Auswahl eines professionellen Begleiters, in der Regel handelt es sich um einen Vertreter aus der Berufsgruppe der Berater, gilt es, einige Kriterien zu beachten. Lesen Sie hierzu auch Seite 134 ff.

III.4 Die Kostenrechnung

Es ist nicht ausgemacht, dass Sie weniger Geld brauchen für Ihren Lebensunterhalt, wenn Sie erst mal Zeit haben, das zu tun, was Sie sich vorgenommen haben. Rechnen Sie mit spitzem Bleistift. Wie viel Geld brauchen Sie wirklich? Vergessen Sie dabei nicht «sporadische» Kosten, wie unvorhersehbare Reparaturen am Auto oder in der Wohnung.

Wären Sie bereit, einen Kredit aufzunehmen oder finanzielle Reserven anzugreifen? Es kann sich lohnen, diese Fragen mit einem Finanzdienstleister zu diskutieren.

Tipp: Sind Sie ein stark sicherheitsorientierter Mensch, dann schlagen Sie auf den errechneten Bedarf nochmals eine Sicherheitsmarge von 20 Prozent auf – für den Fall der Fälle.

Der finanzielle Anlauf

Falls Sie nicht über genügend Erspartes verfügen, um Ihre Auszeit vollständig zu finanzieren, müssen Sie einen alternativen Weg finden. Folgende Varianten sind üblich:

- Sie sparen monetäres Kapital an: Bei dieser Variante verzichten Sie beispielsweise für drei Jahre auf 10 Prozent Ihres Monatsgehalts, obwohl Sie tatsächlich 100 Prozent arbeiten. Damit erwerben Sie 360 Monatsprozente (12 x 3 x 10) Ihres Monatseinkommens, erwerben also Anspruch auf 3,6 Monate Freizeit bei weiterlaufenden Bezügen.
- Sie sparen Zeitkapital an: Diese Methode ist in flexibel organisierten Unternehmen sehr beliebt. Anstatt Überstunden, Gratifikationen oder Urlaubswochen zu «verbrauchen», sammeln Sie diese auf einem Zeitsparkonto an. Für das Sabbatical «schlachten» Sie dann Ihr Zeit-Sparschwein.
- Schließlich lassen sich die beiden Methoden auch mit einander kombinieren. Günstig ist es, wenn Sie zunächst einmal erfragen, was in Ihrem Unternehmen üblich ist und welche Erfahrungen Mitarbeiter mit der jeweiligen Variante gemacht haben.

Hat Ihr Unternehmen bislang noch keine der oben genannten Varianten genutzt oder dürfen Sie sich sogar als Auszeitpionierin bewähren, winkt die Chance, Ihren Ansprechpartner für ein geeignetes Modell zu gewinnen.

III.5 Der schlanke Haushalt

Natürlich können Sie auch «Ballast» abwerfen, um die Kosten zu minimieren. Dazu einige nahe liegende, vielleicht «ketzerisch» anmutende Fragen:

- Benötigen Sie tatsächlich zwei Autos für einen Haushalt? Muss Ihr Fahrzeug angemeldet und versichert bleiben, wenn Sie beispielsweise mehrere Monate unterwegs sind?
- Lohnt es sich vielleicht, die Wohnung zu vermieten – bei längerer Abwesenheit?
- Kommt ein Wohnungstausch in Frage? Auf Internetforen bieten Privatleute (gegen eine vergleichsweise geringe Gebühr) ihre Wohnung zum Tausch auf Zeit an. So finden sie schnell eine bequeme Bleibe in einem interessanten Land oder einer faszinierenden Stadt.[5]
- Verfügen Sie über Immobilien oder andere Wertgegenstände, für die Sie bislang keine adäquate Verwendung gefunden haben (ja, deren Veräußerung zu einem lohnenden Nutzen beitragen könnte)?
- Gibt es kostspielige Mitgliedschaften im Golf- oder Fitnessclub, welche sich (ohne echten Verlust) stilllegen oder kündigen lassen?
- Welche Versicherungen oder Vorsorge-Verträge können Sie auf Eis legen für die Dauer Ihrer Auszeit?

Vielleicht möchten Sie aber Ihren inneren Neuanfang mit einem äußeren Neustart verbinden – indem Sie aus Ihrer Mietwohnung ausziehen oder Ihr Privateigentum veräußern. Aber Vorsicht: Ein solches Unterfangen erfordert Zeit und Kraft. Es sollte nicht unüberlegt geschehen, aus einer Laune heraus. Wä-

---

[5] Mehr zum vorübergehenden Wohnungstausch unter: www.tauschhaus.org. Weitere Anbieter finden Sie über Suchmaschinen unter dem Stichwort «Wohnungstausch».

gen Sie genau ab: Wollte ich dies ohnehin tun? Was «bringt» es mir tatsächlich? Was kostet mich das finanziell und an Lebensqualität? Bekommen Sie heraus, ob Sie tatsächlich bereit sind für den großen Sprung oder ob Sie lieber ein etwas kleineres Rad drehen.

III.6 Das Risk-Management

Machen Sie sich klar, was Ihnen Ihre Ziele wert sind. Nehmen Sie es in Kauf, kritische Äußerungen von Bekannten oder Arbeitskollegen einzustecken, gar Ihre berufliche Position in die Waagschale zu werfen?

Möglicherweise ist Ihnen die Aussicht auf ein Sabbatical das Risiko nicht wert. Oder Sie erachten umgekehrt eine lange Auszeit als derart dringlich, dass Sie eine Kündigung erwägen, sollten Sie mit Ihrer Firma zu keiner Lösung kommen.

Was immer Sie tun: Wichtig ist, dass Sie vorher genau festlegen, wie weit Sie gehen möchten – was Sie aufs Spiel setzen wollen für Ihr Sabbatical. Sehen Sie in diesem Punkt klar, geht es in einer nächsten Etappe darum, ihren Sabbatical-Wunsch dem Unternehmen «schmackhaft» zu machen (Argumente, Strategie, Timing).

IV. Andere überzeugen

> «Wenn ein Mann sich nicht auf
> seine Chance vorbereitet hat,
> macht sie ihn nur lächerlich.»
>
> Pablo Picasso

IV.1 Genügend Vorlaufzeit für das Unternehmen

Planen Sie genügend Vorlaufzeit ein – je nach Branche und beruflicher Position sowie Länge ihrer Auszeit. Geben Sie dem Unternehmen zwischen 6 und 18 Monaten Spielraum, um Ihre Absenz einzuplanen. Bei deutlich kürzeren «Vorwarnzeiten» steigt das Risiko einer Konfrontation, weil der Arbeitgeber unter Druck gerät. Das braucht Sie zwar nicht von Ihrem Vorhaben abzuhalten; aber es ist sicherlich sinnvoll, diesen Aspekt in Betracht zu ziehen.

IV.2 Der «Treibstoff» Argumente

Wenn Sie sich daran machen, Ihre Auszeit argumentativ vorzubereiten, gibt es grundsätzlich zwei Varianten. Erstens: Das Sabbatical ist eine akzeptierte Variante in Ihrem Unternehmen. Dann werden Sie sich kundig machen über die (akzeptierten, standardisierten) Beweggründe derer, die bereits früher ein Time-out genommen haben.

Die zweite Möglichkeit: Diese Argumente sind Ihnen aus irgendwelchen Gründen nicht zugänglich oder Sie arbeiten in einem Betrieb, der für ein Sabbatical erst gewonnen werden muss. Dann ist es an Ihnen, die richtigen Argumente zu finden und diese im geeigneten Moment auszuspielen. Nachfolgend finden Sie wertvolle Hinweise dazu.

Sabbatical, Gesetze und Rahmenbedingungen[6]

Im Teilzeit- und Befristungsgesetz vom 1. Januar 2001 sind die wesentlichen Punkte geregelt. Grundsätzlich hat damit jeder Arbeitnehmer in der freien Wirtschaft das Recht, seine Arbeitszeit flexibel zu gestalten – beispielsweise, um ein Sabbatical zu nehmen. Er darf wegen eines solchen Wunsches nicht benachteiligt werden, wenn es etwa um eine anstehende Beförderung geht.

Es bestehen aber Voraussetzungen für den Anspruch auf eine Teilzeitreglung: Der Auszeitler muss dem Betrieb länger als sechs Monate angehören, das Unternehmen seinerseits muss mehr als 15 Mitarbeiter beschäftigen.

Allerdings gilt: Der Arbeitgeber kann aus betrieblichen Erwägungen den Teilzeitantrag ablehnen. Als zulässiger Grund gilt, dass Arbeitsablauf, Organisation oder Sicherheit im Betrieb erheblich beeinträchtigt wären (oder dass dadurch unverhältnismäßig hohe Kosten entstehen würden). Dadurch wird deutlich: Ob ein Sabbatical-Wunsch erfüllt wird oder nicht, hängt im Wesentlichen davon ab, inwieweit es dem Arbeitnehmer gelingt, ein solches Vorhaben den Verantwortlichen schmackhaft zu machen. Das heißt vor allem: mit treffenden Argumenten und erleichternder Vorarbeit mögliche Hindernisse aus dem Weg zu räumen.[7]

[6] Stand: November 2005
[7] Weitere Informationen zum rechtlichen Rahmen für Sabbaticals finden Sie unter: www.teilzeit-info.de.

Sabbaticals im öffentlichen Dienst

Mittlerweile ist es in fast allen Bundesländern möglich – in unterschiedlichen Varianten – ein oder sogar mehrere Sabbaticals zu nehmen. Wichtig: Beförderungen dürfen sich dadurch nicht verzögern. Dieses Angebot gilt ebenfalls für Angestellte in Teilzeitarbeit. So können Beamte des Bundes beispielsweise sechs Jahre voll beschäftigt für 6/7 ihres Gehaltes arbeiten und dafür das siebte Jahr bei weiterlaufenden Bezügen freinehmen.

IV.3 «Was hat das Unternehmen davon?»

Gehen Sie davon aus, dass Ihrem Unternehmen daran gelegen ist, einen wertvollen Mitarbeiter/eine engagierte Mitarbeiterin zu halten. Aber gehen Sie ebenfalls davon aus, dass Ihr Ansprechpartner – auch wenn er Ihnen wohlwollend gesinnt ist – stichhaltige Argumente benötigt, warum er ausgerechnet Ihnen Jahresurlaub gewähren sollte. Wenn Sie ihm in diesem Punkt entgegenkommen, leisten Sie nicht nur Überzeugungsarbeit, sondern liefern dem Entscheidungsträger (Chef, Vorgesetzter, Personalerin) gleichzeitig das Material, um den Entschluss gegenüber Dritten zu rechtfertigen.

Überlegen Sie, inwiefern die Auszeit für Ihren Betrieb einen Gewinn darstellt. Anknüpfungspunkte können sein:

- erweiterte oder vertiefte Sprachkenntnisse,
- interkulturelle Kompetenzen,
- erweiterte fachliche Kenntnisse,
- Erwerb von Sozialkompetenz (durch zwischenzeitliche Beschäftigung auf einem Tätigkeitsfeld, welches an diese Fähigkeit besonders hohe Anforderungen stellt). Weiterführende Hinweise dazu finden Sie auf Seite 45.

- geringere Personalkosten (die Auszeit findet während saisonaler Schwankungen oder einem jährlich wiederkehrenden Auftragsrückgang statt),
- temporäre Konzentration auf das Familienleben (um sich danach wieder ungeteilt auf die Erwerbsarbeit konzentrieren zu können).

Bei der Fülle der Argumente geht es nicht darum, das herauszufiltern, was Sie selbst am meisten überzeugt (allenfalls noch das, was Ihnen am besten entspricht und authentisch wirkt). Ihre Durchsetzungskraft steht und fällt damit, wie gut es Ihnen gelingt, daran anzuknüpfen, was Ihren Vorgesetzten plausibel und nachvollziehbar erscheint. Eventuell recherchieren Sie vorher – mit Fingerspitzengefühl – unter Ihren Kollegen.

IV.4 Einwände vorwegnehmen

Personalchefs befürchten häufig, dass es bei der Reintegration der Rückkehrer zu Schwierigkeiten kommt.[8] Nehmen Sie diesen (und andere) Einwände vorweg, indem Sie persönlich dafür eintreten, dass ...

- Sie Ihre Aufgabe und Firma schätzen, keinesfalls die Lust am Job verloren haben. Das Statement sollte detailliert und vor allem begründet Auskunft geben über die Freude an Ihrer Tätigkeit sowie die Identifikation mit dem Unternehmen. Also nicht: «Ich bin sehr zufrieden mit meiner Arbeit», sondern: «Ich schätze meine Arbeit, weil ...»

[8] Nach einer Umfrage des Recruiting-Dienstleisters Career-Company unter 250 Personalverantwortlichen zeigt sich mehr als die Hälfte der Personalchefs überzeugt, dass es bei der Wiedereingliederung zu Integrationsproblemen kommt (2001). Quelle: www.zeit.de/archiv.

- Sie eventuelle Schwierigkeiten bei der Rückkehr proaktiv angehen. Friktionen wird es immer geben! Nutzen Sie bei Ihrer Darstellung das Schema: «Folgende Herausforderung sehe ich» und «So lässt sich diese bewältigen».

- Sie keine Sonderbehandlung erwarten, sondern aktiv (wenn es sein muss, sehr hart) daran arbeiten, sich zügig und «geräuschlos» in den Arbeitsablauf wieder einzugliedern.

Günstig für Ihre Auszeit-Argumentation ist es, wenn Sie Ideen unterbreiten, wie die Arbeit, die während Ihrer Abwesenheit anfällt, bewältigt werden kann. Erkundigen Sie sich, ob es im Unternehmen Mitarbeiter gibt, die mit den zu verteilenden Aufgaben bereits einschlägige Erfahrungen gesammelt haben. Achtung: Es gilt Vorschläge zu unterbreiten, nicht etwa die Verantwortlichen vor vollendete Tatsachen zu stellen!

Indem es Ihnen gelingt, Gegenargumente bereits im Vorfeld zu entkräften, profilieren Sie sich als vorausschauender und verantwortungsvoller Mitarbeiter, welcher die Belange des Unternehmens im Blick hat – und nicht nur seine eigenen Bedürfnisse. Der Vollständigkeit halber sei noch erwähnt, dass es günstig ist, wenn Sie tatsächlich mit Überzeugung hinter Ihren Aussagen stehen.

IV.5 Den Fallschirm anlegen: Ihre Versicherungen

Finden Sie mit dem Ansprechpartner in Ihrem Unternehmen eine Lösung, wie Sie die Renten- und Krankenversicherung weiterführen können. Unproblematisch ist es, wenn Sie in den Monaten oder Jahren vorher über Arbeitszeitkonten Zeit ansparen bzw. auf ihr volles Gehalt verzichten. Im Fall des Arbeitszeitkontos laufen Ihr Gehalt und die Beiträge für die Sozialversicherung wie gehabt weiter. Im zweiten Fall haben Sie, von langer Hand geplant, beispielsweise für drei Jahre auf ein Sechstel ihres Gehalts verzichtet, um mit dieser «gesparten» Summe die sechs Monate Ihres Sabbatjahres zu finanzieren. Der Versicherungsschutz sollte auch in diesem Fall weiterhin bestehen. In allen anderen Fällen lohnt es sich, kompetente Versicherungs-/Vorsorge-Experten beizuziehen.

IV.6 Selbstbewusstsein hilft

Es ist günstig, wenn Sie über ein gefestigtes Selbstbewusstsein verfügen. Das heißt: Sie selbst sollten davon überzeugt sein, dass Ihnen zusteht, was Sie sich von Ihrem Arbeitgeber wünschen. Um aber ein solches Selbstbewusstsein zu entwickeln in Sachen Sabbatical, braucht es Wissen, das sich auf relevante Fakten stützt.

Vorschlag: Lassen Sie die folgenden Informationen auf sich wirken.

- Sieben von zehn Angestellten, die das Meinungsforschungsinstitut Gewis befragt hat, würden gerne einmal länger als für einen Jahresurlaub aussteigen.[9]
- Die so genannte Old Economy macht es vor: Siemens ermuntert schon seit 1994 die Firmenmitarbeiter zum Sabbatical. Die damalige Konzernspitze, in der Person Heinrich von Pierers, begleitet dieses Vorhaben offensiv. Häufig kehren die Sabbatical-Nehmer wieder an ihre alte Stelle zurück.
- Jedes zwanzigste deutsche Großunternehmen und eines von hundert Mittel- und Kleinunternehmen bietet von sich aus den Mitarbeitern Sabbaticals an.
- Der deutsche Gesetzgeber möchte die Vorteile flexibler Modelle unterstützen und hat mit dem Arbeitsteilzeitgesetz von 1998 freie Bahn für flexible Arbeitsverhältnisse geschaffen: Die Tarifparteien erhalten dadurch die Möglichkeit,

[9] Quelle: www.gewis.de

Arbeitszeitkonten einzuführen – dem entsprechend auch Sabbaticals zu vereinbaren.

SAP, Hewlett Packard, Siemens, BMW: Sie befinden sich in guter Gesellschaft.

Hier finden Sie eine willkürlich zusammengestellte Auswahl etablierter Konzerne und mittelständischer Firmen, welche den Gedanken des Sabbaticals vorantreiben oder erste Erfahrungen mit diesem Auszeitmodell gesammelt haben.[10]

Siemens AG, SAP AG, Boston Consulting Group, McKinsey, Hewlett Packard GmbH, BMW AG, DDS Dresdner Directservice, Kienbaum, IBM Österreich, Werbeagentur Jung und Matt, Aerogate München GmbH, Augenoptiker Andreas Wittig, Bayerische Hypo- und Vereinsbank AG, Bertelsmann Stiftung, Bischöfliches Hilfswerk Misereor e.V., Bischöfliches Ordinariat Rottenburg-Stuttgart, Daimler Chrysler AG, DATEV eG, Standort Nürnberg, Deutsche Lufthansa AG, Deutsche Post AG Zentrale, Deutsches Zentrum für Luft- und Raumfahrt e.V. (DLR), Die Möbelmacher, E.ON Ruhrgas AG Hauptverwaltung, Fachhochschule Ludwigshafen am Rhein (Hochschule für Wirtschaft), Fachinformationszentrum Karlsruhe GmbH (FIZ Karlsruhe), Fachstelle UND Familien- und Erwerbsarbeit für Männer und Frauen, Ford Werke AG, Frauen-ComputerZentrumBerlin, Getoq Consulting Gesellschaft für Personal- und Organisation, GHM Gesellschaft für Handwerksmessen mbH, INOSOFT AG, Inselspital Universitätsspital Bern, Intersport Entress,

---

[10] Die Angaben beziehen sich auf Deutschland (Stand November 2005).

Landesbank Berlin Girozentrale, Landesbank Rheinland-
Pfalz, MAZeT GmbH, Stora Enso Sachsen GmbH,
Vereinigte Sparkassen in Weilheim i. OB., Victoria Ver-
sicherung AG, Weleda AG, Standort Schwäbisch
Gmünd/Bereich Möhlerstrasse.[11]

Manchem Unternehmen gelingt es, mit dem Instrument des
«Sabbaticals» die strukturelle Intelligenz seiner Personalwirt-
schaft deutlich zu erhöhen. Eindrücklich belegt dies folgendes
Beispiel:

Sabbatical statt Entlassung: Accenture

Die Beratungsfirma Accenture, ehemals Anderson Consulting,
hat die Auszeitregelung offensiv interpretiert und als personal-
wirtschaftliches Instrument eingesetzt.[12] In einer flauen Auf-
tragszeit des Jahres 2001 konnten mit dem Modell «flex-leave»
gerade rekrutierte Mitarbeiter gehalten und weiter an das Unternehmen gebunden werden. Das Unternehmen bot den
«Newcomern» an, ein halbes Jahr später einzusteigen, und zahl-
te für diese Zeit ein Überbrückungsgeld. Auch Mitarbeiter des
Personalstammes nutzten in dieser Zeit das Angebot zum Sabbatical.

Was Accenture im großen Stil durchführte (und in den
USA weit verbreitet ist), nutzen inzwischen auch zahlreiche europäische Firmen: Sie setzen das Sabbatical gezielt ein, um Auf-
tragsschwankungen zu glätten. Meist verhält es sich so, dass die
Mitarbeiter in Zeiten starker Auslastung Zeitüberhänge aufbau-
en können, um diese dann in Zeiten schwächerer Nachfrage für
eine längere Auszeit einzulösen.

[11] Eine weitere Liste von «Sabbatical-Unternehmen» finden Sie unter
www.beruf-und-familie.de sowie unter www.best-zeit.de.
[12] Quelle: www.faz.net

Tipp: Gehen Sie also zuversichtlich in das Gespräch. Es ist kein «unanständiger Gedanke», sich eine Auszeit zu wünschen. Viele Firmen haben ihre Organisationsstruktur dahin verändert, dass sie dem Bedürfnis nach länger dauernden, eigenverantwortlich gestalteten Freiräumen Rechnung tragen. Zudem gibt es eine moderne betriebswirtschaftliche Perspektive, aus welcher das traditionelle starre Arbeitszeitmodell wie ein Dinosaurier erscheint, welcher die Nachricht von seinem eigenen Ableben noch nicht vernommen hat.

Ermutigen sollte Sie auch die Tatsache, dass Ihre Chance bei 70 Prozent liegt, dass ihr Gegenüber selbst zumindest schon einmal darüber nachgedacht hat, eine Auszeit zu nehmen.[13] Rechnen Sie allerdings damit, dass er gerade deshalb, weil er selbst eine solche Chance noch nicht genutzt hat, den Wünschen anderer eher skeptisch gegenübersteht. Dieser Mensch will mit guten Argumenten überzeugt sein.

IV.7 Vorsicht Falle: Der Held der Arbeit

«Lass Vorsicht walten, als gingest du an
einem Abgrund oder über dünnes Eis.»
Chinesisches Sprichwort

Speziell wenn das Erholungsmotiv im Mittelpunkt Ihrer Auszeit steht, kann es sich lohnen, dieses Ziel nicht nach vorne zu stellen in der Argumentation. Mancher Verantwortungsträger im Unternehmen geht nach wie vor davon aus, dass die normale Urlaubsregelung genügen müsse, um sich zu regenerieren.

[13] Laut dem Meinungsforschungsinstitut Gewis (2001) würden 72 Prozent aller Befragten gerne einmal ein Sabbatical in Anspruch nehmen. Quelle: www.gewis.de

Versuchen Sie gar nicht erst, diese starre Position zu diskutieren. Wer gegenüber solchen Personen zugibt, dass er eine intensivere Erholungspause nötig hat, kann sich rasch einen Nachteil einhandeln. Wählen Sie hier den Weg des geringsten Widerstands, um zu Ihrem Sabbatical zu gelangen. Tipp: Wenn Sie wissen, dass in Ihrer Unternehmenskultur das Vorbild des allzeit bereiten, ermüdungsfreien 25-Stunden-Managers hochgehalten wird, bietet es sich an, die Erfüllung eines Lebenstraums (eine Reise, der Bau eines Segelschiffs, eine sportliche Herausforderung) in den Vordergrund zu rücken: etwas, das Akzeptanz findet, statt «lediglich» den Wunsch nach Regeneration anzuführen.[14] Eine intensive berufliche Weiterbildung ist ebenfalls ein anerkanntes Motiv. Bedingung: Sie sollten die Ernsthaftigkeit einer solchen Weiterbildung sowie deren Nutzen glaubhaft nachweisen können.

V. Die sanfte Landung

Rechtlich gesehen ruht das Arbeitsverhältnis mit Ihrem Unternehmen während der Sabbatpause. Wenn Ihr Arbeitgeber hingegen aus betrieblichen Gründen auf einer vorübergehenden Beendigung des Arbeitsvertrages besteht, sollten Sie versuchen, eine Wiedereinstellungsgarantie zu erlangen: schriftlich, ohne Wenn und Aber.

Möglicherweise sagt Ihnen der direkte Vorgesetzte zu, dass Sie nach Ihrer Rückkehr einen vergleichbaren Arbeitsplatz erhalten. In der Regel behält sich ein Unternehmen indes die so genannte «Direktionsklausel» des Arbeitsvertrages vor. Danach kann es dem Arbeitnehmer/der Arbeitnehmerin auch andere – nach Kenntnissen und Fähigkeiten zumutbare – Aufgaben zuweisen. Klären Sie, worauf Sie sich im ungünstigsten Fall gefasst

---

[14] Vergleiche dazu: Seite 36, «Was hat das Unternehmen davon?»

machen müssen. Damit Sie wissen, worauf Sie sich möglicherweise einlassen.

VI. Methoden und Techniken für das Sabbatical

«Zur Erforschung der Wahrheit
bedarf es notwendig der Methode.»

René Descartes

Wenn Sie Ihr Sabbatical für ein bestimmtes Projekt wie Hausbau, Pflege eines Angehörigen oder eine Weltreise nutzen, benötigen Sie vermutlich keine weitere Anleitung dafür. Anders verhält es sich, wenn Sie mit einer definierten Fragestellung in das Sabbatical starten.

Zwar genügt es manchem bereits, den Freiraum des Sabbaticals «um die Nase zu spüren» – und flugs setzen sich die Gedanken in Bewegung. Andere hingegen sind dankbar für Konzepte und Methoden, die sie in ihrem Sabbatical unterstützen; beispielsweise um systematisch einer bestimmten Frage nachzugehen: Wie gestalte ich in den nächsten Jahren das Verhältnis von Beruf und Privatleben? Wie bereite ich meine Geschäftsgründung vor? Für diesen Fall finden Sie konkrete Verfahren und Hinweise auf Seite 65.

Achtung Zeitfalle

Immer wieder wünschen Menschen sich eine Auszeit, welche kein bestimmter Anlass treibt. Außer eben dem «nackten» Wunsch, einmal für eine Weile auszubrechen aus dem Korsett des Alltags.

In solchen Fällen ist es gleichwohl sinnvoll, die Auszeit einem oder mehreren Themen zu widmen, auch wenn es sich um kleine, wenig spektakuläre Zielsetzungen handelt. Sicherlich mag es dem einen oder anderen gut tun, sein Time-out einfach drauflos zu leben. Jedoch: Immer wieder berichten Auszeitnehmer enttäuscht darüber, wie schnell die Zeit vergangen sei, während sie selbst sich fortgesetzt in «Nebensächlichkeiten» verloren hätten.

Tipp: Versetzen Sie sich gedanklich an den letzten Tag Ihrer Auszeit. Überlegen Sie genau, worauf Sie – von dort aus – zurückblicken möchten. Mit anderen Worten: Was muss während Ihres Time-out unbedingt geschehen, damit es ein Erfolg wird; und woran genau lässt sich dieser Erfolg messen? Beachten Sie dazu auch die Hinweise auf Seite 28.

Wenn Sie aktuell noch gar keine Idee haben, womit Sie Ihre Auszeit füllen könnten, finden Sie nachstehend zwei Vorschläge. Vielleicht entscheiden Sie sich für eine der Varianten. Möglicherweise inspirieren Sie diese Modelle auch, sich auf die Suche zu machen, um etwas ganz anderes zu unternehmen.

VII. Den Horizont erweitern

«Wir glauben, Erfahrungen zu
machen, aber die Erfahrungen
machen uns.»

Eugène Ionesco

Die folgenden Vorschläge sind mit Absicht etwas ungewöhnlich gehalten, denn sie zielen darauf, den Horizont zu erweitern. Das heißt, sie sollen Erfahrungen ermöglichen, die unter dem Einfluss des gewohnten «Lebensflusses» unwahrscheinlich oder sogar ausgeschlossen sind.

Obwohl klar ist, dass solche besondere Herausforderungen nicht jedem einen Genuss vermitteln, bieten sie auch für diesen Fall Gedankenanstöße und Inspiration.

VII.1 Auszeitprojekt «Inspiration in der Fremde»

Wer in eine Auszeit geht, muss auf eine geregelte Tätigkeit nicht unbedingt verzichten: Sie können Ihren «Urlaub» arbeitsintensiv gestalten und zugleich Erfahrungen sammeln in einem anderen Land, in einer fremden Tätigkeit – oder in einer Kombination aus beidem.

Wenn Sie zum Beispiel als freiwilliger Helfer beim Malteser Hilfsdienst (oder einer der anderen zahlreichen Organisationen dieser Art) tätig werden möchten, können Sie sich in ein Projekt vermitteln lassen, das Ihren fachlichen Fähigkeiten entspricht. Eventuell stellt es auch eine völlig neue Herausforderung an Sie! Von Beratungseinsätzen, über Wahlbeobachtung oder handwerkliche Aufgaben bis zu einem Engagement für Menschenrechte erwarten Sie zahlreiche Aufgaben auf allen Kontinenten dieser Erde.

Wo liegt der Sinn?

Der Mehrwert für den Auszeitler besteht in der Regel darin, sich eine in vieler Hinsicht «fremde» Welt zu erobern (Kultur, Arbeitshaltung, Menschen). Flexible Menschen, denen es gelingt, sich in dieses Ungewohnte einzugliedern, gewinnen oft eine Perspektive, die mit dem Ausdruck «erweiterter Horizont» nicht zureichend beschrieben ist. In Resonanz mit der neuen Umgebung vermitteln sich den «Time-outern» ungewöhnliche Eindrücke und Erlebnisse, die das persönliche Bild von der Welt erfrischend bereichern und korrigieren können.

Adressen und Informationen

www.entwicklungsdienst.de

Diese Organisation berät Menschen, die für mehrere Wochen oder Monate eine Tätigkeit im «Internationalen Freiwilligendienst» erwägen. Die Website bietet zahlreiche Links zu Organisationen, welche solche Jobs anbieten, sowie Job-Datenbanken, in denen Sie selbstständig recherchieren können.

VII.2 Auszeitprojekt «Meditation XL»

Wenn Sie persönlich zu dem Stichwort «Meditation» noch keine präzise Vorstellung gewinnen konnten, so finden Sie in Auszeit L, IV. Die Auszeit Rustiko – Ruhe, Stille, Konzentration, eine ausführliche Beschreibung dazu (inklusive Wirkung, Zweck etc.). Dennoch greifen wir an dieser Stelle bereits vor. Denn was sich unter dem Namen «Meditation» als zehnminütiger «Break» in den Alltag einbauen lässt, aber auch Stoff für eine Woche bietet, kann ebenfalls einen Langzeitaufenthalt von zwei bis drei Monaten füllen.

Um dieser Herausforderung gewachsen zu sein, müssen Sie nicht etwa die charakterliche Anlage zum Eremiten haben. Viel wichtiger ist, ob Sie sich dabei wohl fühlen, wenn Sie über einige Wochen hinweg mehrere Stunden am Tag meditieren. Bevor Sie eine solche «Mammutstrecke» in Angriff nehmen, sollten Sie sich schon einmal intensiver mit der Materie befasst haben. Außer natürlich, Sie sind ein Mensch, der gerne einmal in ein unbekanntes Gewässer springt.

Wo liegt der Sinn?

Menschen, die eine solche Auszeit hinter sich haben, berichten häufig von einer außerordentlichen Erfahrung, von einer Sammlung und Konzentration, die ihr weiteres Leben prägt. Dies resultiert sicher auch daraus, dass Meditationsexkurse in gewisser Hinsicht einen Gegenentwurf zu unserer modernen Welt darstellen. Einfach nur da zu sein, Langsamkeit zu erleben und dabei nachhaltig in das eigene Leben hineinzuspüren, kann eine große Herausforderung sein. Besonders für Menschen, die es gewohnt sind, dass ein Arbeitstag sich zu einer vielgliedrigen Kette von Meetings und Terminen verdichtet.

Seien Sie wählerisch!

Allerdings lohnt es sich, bei der Wahl eines geeigneten Anbieters eine bestimmte Art von «Hardcore-Vertretern»[15] zu meiden. Konzentrieren Sie sich vielmehr auf Angebote, bei denen Sie davon ausgehen können, dass individuelle Wünsche wahrgenommen werden. Für den «Ernstfall» des Meditationsaufenthalts bedeutet dies, dass Sie jeweils mit Ihrer Meditationsleitung abstimmen, wie viel und welche Art von Meditation Ihnen ganz persönlich gut tut. Statt sich einem standardisierten Programm zu unterwerfen.

Indem Sie diese Vorkehrung treffen, sorgen Sie für einen weichen Einstieg, der Ihnen hilft, dieses Programm der besonderen Art auch zu genießen.

Adressen und Informationen

Unter folgenden Adressen können Sie den oben beschriebenen Langzeitaufenthalt buchen. Günstig ist es, wenn Sie sich zunächst vor Ort einen Eindruck verschaffen. Insbesondere sollten Sie das Gespräch suchen mit einer der verantwortlichen Personen, bevor Sie sich für eine längere Meditationseinheit entscheiden.

- www.zenklausen.de
- www.benediktushof-holzkirchen.de

[15] Siehe dazu: Auszeit L, Seite 107.

VIII.　Gedanken zur Rückkehr

«Wer langsam geht, geht sicher.»

Italienisches Sprichwort

Wenn Sie aus Ihrer Auszeit zurückkehren, sind anfängliche Irritationen normal: Ohne Übergang springen Sie aus einer Auszeit zurück in den Arbeitsalltag. Durch diesen abrupten Wechsel können Fremdheitsgefühle entstehen, und mancher denkt in dieser Zeit über einen «definitiven Ausstieg» nach.

In der Regel ist es jedoch ratsam, diese inneren Eindrücke, welche im Moment quer zur Arbeitswelt liegen, während der ersten zwei bis drei Wochen schlicht auszuhalten. Das bedeutet, diese Wahrnehmungen weder zu ignorieren noch ihnen besonders viel Aufmerksamkeit zu schenken. Meist trennt sich in dieser Zeit die Spreu vom Weizen. Was sich nach dieser «heißen Phase» nicht von selbst erledigt hat, sollten Sie genauer betrachten.

Neue Wege

Möglicherweise hat die Auszeit eine «Saite» in Ihnen zum Schwingen gebracht, deren Klang Sie jetzt nicht mehr missen möchten. Es könnte sein, dass sich in Ihrem Time-out grundsätzlich neue Wege und Potenziale angedeutet haben, Ihr persönliches Leben zu gestalten. Wie Sie mit diesen Einsichten umgehen, das liegt nun an Ihnen. Erkenntnisleitend kann dabei in einem ersten Schritt die Frage sein, wie das, was Ihnen in den letzten Monaten wichtig wurde, nun auch in den Alltag integriert werden kann.

So gründete ein Auszeitler aus dem oberen Management eines Automobilkonzerns (welcher die «besondere Befriedigung» ehrenamtlicher Arbeit erlebt hatte) in seinem Heimatort einen

Verein zur Nachbarschaftshilfe. Er wollte diese Aufgabe auch weiterhin verfolgen. Die Abteilungsleiterin eines Modehauses einigte sich mit Ihrem Vorgesetzten auf eine 80-Prozent-Stelle, um mehr Zeit für die Familie zu haben.

Der finale Ausstieg

Manchmal geschieht es auch, dass nach einer Auszeit nichts mehr so ist, wie es vorher war – und der Rückkehrer zieht daraus die Konsequenzen. So verließ ein selbstständiger Architekt die langjährige Bürogemeinschaft, um Vollzeit im Entwicklungsdienst zu arbeiten.

Sollte Ihnen selbst nach der Auszeit ein derart «umstürzlerischer» Gedanke kommen, dann ist es gut, damit nicht alleine zu bleiben. Suchen Sie sich für Ihre Überlegungen einen gedanklichen Sparringspartner. Eine Person Ihres Vertrauens, von der Sie wissen, dass sie imstande ist, Ihre Überlegungen konstruktiv und kritisch unter die Lupe zu nehmen. Denn solche Schritte beinhalten etwas Unwiderrufliches, ja Finales. Es sei denn, Sie haben die Möglichkeit eines Probelaufs, den Sie nach einer gewissen Zeitspanne (oder bei veränderten Umständen) wieder abbrechen können.

IX. Sabbatical: Inspirierende «Stimmen zum Spiel»

Abschließend finden Sie Fakten, Zahlen und Äußerungen, welche das Thema Sabbatical jeweils aus einem interessanten Blickwinkel beleuchten.

Das Volumen bezahlter Überstunden in Deutschland, 2004: 1,56 Mrd.

Quelle: Institut für Arbeitsmarkt und
Berufsforschung, 2004

«Diejenigen, die aussteigen, sind keine beruflich frustrierten, sondern mutige Avantgardisten, die die Balance suchen.»

Prof. Hans-Werner Stahl,
Betriebswirtschaftler

«Denkt ans fünfte Gebot: Schlagt eure Zeit nicht tot!»

Erich Kästner (1899-1974)

Sieben von zehn Beschäftigten wünschen sich eine «extensive Auszeit».

Meinungsforschungsinstitut
Gewis, 2001

Seit 1994 haben bei der Firma BMW 1400 Mitarbeiter eine Auszeit in Anspruch genommen – für durchschnittlich 2,5 Monate.

«Ich habe keine Zeit, mich zu beeilen.»

Igor Strawinsky

«Unsere High-Speed-Gesellschaft macht Auszeiten dringend erforderlich.»

Karlheinz Geißler, Zeitforscher

«Keine Zeit – gibt es nicht. Nur andere Prioritäten.»[16]

Michael Denck (*1967),
Betriebswirtschaftler

«Die meiste Zeit verliert man damit, dass man Zeit gewinnen will.»

John Steinbeck

---

[16] Quelle: www.zitate.de

X. Literatur und Adressen

Ammann Karin: Time-out, Ausstieg auf Zeit. So klappts mit Job, Wohnung, Geld. Beobachter Verlag, Zürich 2005.

Baier Lothar: Keine Zeit! 18 Versuche über die Beschleunigung. Kunstmann Verlag, München 2001.

Bergen-Rösch Andrea: Unter Segel in die Südsee. Ein Sabbatical mit der Familie. Verlag Michael Schardt, Oldenburg 2001.

Burisch Matthias: Das Burnout-Syndrom. Theorie der inneren Erschöpfung. Springer-Verlag, Berlin 1994.

Gracian Baltasar: Handorakel und Kunst der Weltklugheit (übersetzt von Arthur Schopenhauer). Reclam Verlag, Leipzig.

Hess Barbara: Sabbaticals. Auszeit vom Job – wie Sie erfolgreich gehen und motiviert zurückkommen. Frankfurter Allgemeine Buch, Frankfurt 2002.

Kerber Bärbel: Die Arbeitsfalle und wie man sein Leben zurückgewinnt. Metropolitan Verlag, Regensburg 2002.

Massow Martin: Gute Arbeit braucht Zeit – Die Entdeckung der kreativen Langsamkeit. 2. Auflage, Heyne Verlag, München 1998.

Proust Marcel: Auf der Suche nach der verlorenen Zeit. Neuauflage, Suhrkamp Verlag, Frankfurt 2001.

Richter Anke: Das Sabbatical-Handbuch. Aussteigen auf Zeit. Vgs Verlagsgesellschaft, Köln 2002.

Schmid Wilhelm: Schönes Leben? Einführung in die Lebenskunst. Suhrkamp Verlag, Frankfurt 2000.

Schmid Wilhelm: Philosophie der Lebenskunst. Suhrkamp Verlag, Frankfurt a.m. 2000.

Siemers Barbara: Sabbaticals – Optionen der Lebensgestaltung jenseits des Berufsalltags. Laug Verlag, Frankfurt a. M. 2005.

Straub Erhard: Vom Nichtstun. Wjs Verlag, Berlin 2004.

Adressen

www.best-zeit.de
Internet-Angebot zum Sabbatical und zum flexiblen Umgang mit Arbeitszeiten allgemein.

www.benediktushof-holzkirchen.de
Die Website beschreibt ein Meditationszentrum in Bayern, das auch Langzeitaufenthalte anbietet.

www.benevol.ch
Der Dachverband bietet (nach Einzugsbereichen sortiert) Adressen von Vermittlungsstellen für Freiwilligenarbeit.

www.entwicklungsdienst.de und www.swisscontact.org
Diese Organisation berät Menschen, die eine freiwillige Tätigkeit im Entwicklungsdienst oder im so genannten Senior Expert Service erwägen. In den Job-Datenbanken können Sie selbstständig recherchieren.

www.seco-admin.ch
Das Staatssekretariat für Wirtschaft informiert zu Fragen der Auswanderung.

www.swissemigration.ch
Dieser Dienst berät zu Auslandsaufenthalten und Auswanderung.

www.tauschhaus.org
Hier finden Sie kostengünstige Angebote zum Wohnungstausch – mit Offerten aus vielen verschiedenen Ländern.

www.zeittage2004.de
Diese Website informiert zu den Themen Arbeitszeit und Zeitwirtschaft; siehe auch: www.teilzeit-info.de.

www.zenklausen.de
Dort finden Sie Informationen zu einem Ort für längere Meditationsaufenthalte in der Eifel.

Auszeit L [4 Tage bis 6 Wochen]

> «Menschen, die ihre Zeit schlecht
> verwenden, sind die ersten, die
> sich über deren Kürze beklagen.»
>
> Jean de La Bruyère

Zeitbedarf: 4 Tage bis 6 Wochen

I. Auszeit L – Vier-Plus, Rustiko[17] und Sandmann

Dieses Kapitel macht Sie mit drei verschiedenen Konzepten bekannt, die sich als sehr effektiv erwiesen haben und unkompliziert durchzuführen sind.

Bei den Auszeitvarianten handelt es sich um:

- das Modell Vier-Plus
- das Modell Rustiko
- das Modell Sandmann

---

[17] Die Bezeichnung «Rustiko» steht für **Ruhe, Stille, Konzentration.**

Vier-Plus

Die Auszeit L umfasst zunächst eine reflexionsorientierte Variante, nämlich die Vier-Plus-Methode. Das Modell Vier-Plus steht im Zeichen der Nachdenklichkeit und empfiehlt sich generell, um Probleme, Entscheidungen oder Konflikte intensiv zu bearbeiten, wenn dazu ein größerer Zeitaufwand nötig erscheint.

Rustiko

In eine andere inhaltliche Richtung weist das Modell Rustiko. Es führt den Auszeitnehmer jenseits von Sprache und Diskurs in eine Auszeit. Die Auszeit Rustiko ist sehr gut geeignet, wenn Sie sich zurückziehen wollen: mit dem Ziel, Ruhe, Erholung und Konzentration zu finden.

Sandmann

Die dritte Variante, genannt «Sandmann», beschäftigt sich mit einem Bedarf, dem Menschen in der Regel eher intuitiv nachkommen (als es in ihre Auszeit einzuplanen): dem Schlaf.

Intelligent gemanagter Schlaf wird in seiner Rolle hinsichtlich Leistung und Lebensqualität regelmäßig unterschätzt. In diesem Bewusstsein und gestützt von der Beobachtung, dass gerade Leistungsträger versucht sind, ihren Erholungsschlaf stark zu reduzieren, um damit Arbeitszeit zu gewinnen, ist diesem Thema ein eigenes Kapitel gewidmet.

Wir beschäftigen uns zunächst ausführlich mit der Auszeit Vier-Plus, danach mit der Auszeit Rustiko – und runden das Kapitel mit dem «Sandmann» ab.

II.   Auszeit Vier-Plus – Zeit für Reflexion

«Denken ist reden mit sich
selbst.»

Immanuel Kant

Zeitbedarf: 4 Tage bis 2 Wochen

Diese Art der Auszeit bietet Raum, um ...

- eine persönliche Um- und Neuorientierung anzugehen,
- ein komplexes Problem zu lösen,
- eine existenzielle Entscheidung zu fällen,
- die oben genannten Ziele zusätzlich mit einem Erholungsaspekt zu verbinden.

In diesem Kapitel finden Sie Antwort auf folgende Fragen:

- Wie kann ich meinen Urlaub umwidmen in eine Auszeit?
- Wie kann ich diese Auszeit zielgerichtet planen und durchführen?
- Welche Umgebung eignet sich für diese Art von Auszeit?
- Welche effizienten Übungen und Methoden kann ich in meiner Auszeit einsetzen, um mein Ziel zu verwirklichen?
- Wann lohnt es sich, eine professionelle Begleitung in meiner Auszeit hinzuzuziehen?

Das Auszeitmedium «Jahresurlaub»

Sie suchen nach Möglichkeiten, eine längere Auszeit zu nehmen. Aber die XL-Version, das Sabbatical, ist keine Alternative, die für Sie in Frage kommt. Vielleicht scheuen Sie die lange Abwesenheit vom Arbeitsplatz und den finanziellen Aufwand.

Oder Sie befürchten Nachteile für Ihre Karriere. Eventuell gehören Sie aber auch zu den glücklichen Menschen, die in einer wesentlich kürzeren Zeit dieselben Ergebnisse erzielen können, wie andere in der XL-Version der Auszeit. In diesem Fall können Sie ihren Jahresurlaub (oder einen Teil davon) nutzen, um ihn einer Auszeit zu widmen.

Ein Beispiel – Wenn der Erholungsurlaub nicht mehr genügt

Fritz Reiter, Vorstandsmitglied einer Aktiengesellschaft mit rund 2500 Mitarbeitern, nimmt eine Auszeitberatung in Anspruch: «Urlaub mache ich, glaube ich, nur noch, um mich von meinen beruflichen Aufgaben zu erholen; die erste Woche brauche ich sowieso, um überhaupt erst mal abzuschalten. Dann fahren wir zwei Wochen nach Spanien, in unser Ferienhaus, zusammen mit den zwei Kindern. Dort kann ich dann auch wirklich auftanken. Aber in den letzten Tagen, bevor der Urlaub endet, beginnt der Stress von neuem. Dann muss ich mich bereits wieder auf das Büro vorbereiten.»

Immerhin gönnt sich der Top-Manager (früher in einer Unternehmensberatung tätig) zweimal im Jahr drei Wochen Urlaub, um die «notwendige Frische» wiederzufinden: «Diese Erholungsdisziplin habe ich in der Beratung gelernt. Aber seit dem letzten Urlaub ist da das ungute Gefühl, dass ich mein Leben zu sehr auf den Job abstelle ... meine Zeit, meine Gedanken, meine ganze Energie ... Für mich bleibt nicht mehr viel übrig. Ich denke, persönlich habe ich mich kein Stück weiterentwickelt in den letzten drei Jahren.»

Die folgenden Überlegungen münden darin, dass Herr Reiter eine persönliche Auszeit nehmen will. Dabei soll der Aspekt einer umfassenden Neuorientierung im Mittelpunkt stehen, aber auch die Erholung darf nicht zu kurz kommen. «Für vier Wochen», sagt Reiter, «hält mir meine Frau den Rücken frei.»

Auszeit Vier-Plus – So kann es gehen

Jahresurlaube neigen fatalerweise dazu, einfach so zu verstreichen. Sie kommen und gehen, ohne viel Aufhebens zu machen. Nachhaltig an dieser Zeit ist, neben der Erholung, vor allem die frische Bräune. Deshalb finden Sie nachfolgend fünf Wegweiser, die zeigen, wie Sie den Urlaub in eine effektive Auszeit umwandeln.

II.1 «Nicht ohne meine Ziele!»

Setzen Sie sich genau definierte und überprüfbare Ziele. Herr Reiter beispielsweise hat mit seinem Berater zusammen das Ziel formuliert, dem «brutalen Verschleiß» in seiner derzeitigen Position auf die Spur zu kommen. Aber damit ist das Ziel noch nicht exakt bestimmt. Auf die spezifizierende Frage, woran er am Ende der Auszeit feststellen würde, dass sein Auszeit-Vorhaben erfolgreich verlaufen sei, antwortete der Manager: «Wenn ich mit einer Liste von Energiefressern zurückkomme, die mir genau zeigt, wo der Hase im Pfeffer liegt … Und außerdem hätte ich gerne noch eine Liste von Maßnahmen, wie ich in Zukunft diese Energiefresser aushungern kann.»[18]

II.2 Das Thema ruhen lassen

Stellen Sie Abstand her zu Ihrer «Einzeit», dem hektischen Alltagsgeschehen. Bringen Sie Raum zwischen sich und das «Leisten-Müssen». Das funktioniert so: Wenn Sie, wie oben besprochen, ein Auszeit-Thema definiert haben, legen Sie dieses zunächst zur Seite. Lassen Sie es gedanklich unangetastet. Nehmen Sie sich einige Tage Zeit, bis Sie merken, dass Sie zur Ruhe gekommen sind. Dass ihr Lebensrhythmus in ein ruhigeres

---

[18] Siehe dazu auch: Seite 28.

Fahrwasser kommt, stellen Auszeitnehmer oft daran fest, dass die Gedanken zunehmend leichter fließen und sie sich plötzlich wieder mit anderen Themen beschäftigen als der beruflich oder privat belastenden Situation. Stellen Sie sich an dieser Stelle die Frage, woran Sie – auch in anderen Zusammenhängen – erkennen, dass Ruhe und Gelassenheit einkehren!

Tipp: Fällt es Ihnen besonders schwer abzuschalten, dann geben Sie Ihrem Kopf frei, indem Sie ganz bewusst etwas anderes machen. Etwas, das Ihnen einerseits Spaß macht, andererseits Ihre Aufmerksamkeit bindet, Sie fasziniert. Denn: Eine starke Konzentration auf die eine Sache schließt grüblerische Nebentätigkeiten im Wesentlichen aus.

Beispiel

Weil Herr Reiter[19] gegenwärtig noch viel über seine Firma nachsinnt und über die vergangenen schwierigen Monate, entschließt er sich zu einer «Sport-Strategie». Zur Ablenkung wird er während der ersten Woche in Spanien jeden Tag drei Stunden Unterricht in Kite-Surfen (einer Wassersportart) nehmen.

Nehmen Sie sich wirklich Zeit!

Je stärker ein beruflich oder privat belastendes Moment Sie in Ihre Auszeit hineinbegleitet, desto mehr Zeit sollten Sie sich lassen, bevor Sie es angehen. Damit verdrängen Sie nicht, sondern gewinnen die notwendige Distanz. Versuchen Sie keinesfalls, bereits in den ersten Tagen Lösungen zu finden und Ideen zu kreieren. Ein eiliges Vorgehen bringt in der Regel Ergebnisse hervor, die zu kurz greifen oder an der Oberfläche bleiben. Tiefere Einsichten und Entwicklungen dagegen sind «gut befreundet» mit dem Modus der Langsamkeit. Lassen Sie Ihr Auszeitthema mitlaufen wie einen guten Freund. Aber schweigen Sie so lange, bis dieser von selbst (und bereitwillig) das Gespräch eröffnet.

---

[19] Siehe oben: Ein Beispiel – Wenn der Erholungsurlaub nicht mehr genügt.

Tipp: Umso persönlicher Ihr Thema gefärbt ist, umso enger es also mit Ihrer persönlichen Einstellung, mit individuellen Haltungen und Werten verbunden ist, umso achtsamer sollten Sie an dieser Stelle vorgehen.

II.3 Anregen statt aufregen

Suchen Sie nach Möglichkeit eine andere Umgebung auf, als die Ihnen vertraute. Die Wahrscheinlichkeit ist groß, dass sich in gewohnter Umgebung vornehmlich gewohnte Gedanken einstellen. Während eine unbekannte Umgebung (ein anderes Land, eine fremde Kultur, eine inspirierende Landschaft) Raum für frische Gedanken eröffnet. Achten Sie allerdings darauf, dass Sie die neuen Eindrücke in der moderaten Stärke einer leichten Briese genießen können und dass Sie sich nicht in einen Impressionen-Sturm werfen. Es wäre schade, wenn Sie vollauf damit beschäftigt wären, Eindrücke zu verarbeiten – und keine Ressourcen mehr hätten für Ihr Auszeit-Thema.

So dürfte eine Wüstenrallye, per Jeep und mit Höchstgeschwindigkeit bestritten, die Aufmerksamkeit des Auszeitlers stark oder sogar ausschließlich binden. Während ein Wanderurlaub in der Carmargue am anderen Ende der Beanspruchungsskala liegt. Wählen Sie eine Umgebung, die Ihnen gut tut und Sie anregt, aber nicht vereinnahmt.

II.4   Schreiben bringt weiter

> «Denn was man schwarz auf
> weiß besitzt, kann man getrost
> nach Hause tragen.»
>
> Johann Wolfgang von Goethe

Wenn die erhofften Gedanken erst einmal kommen und fließen, so sind darunter viele bodenständige Gesellen, die sich
auch morgen noch verlässlich in Ihrem Kopf auffinden lassen.
Aber daneben gibt es diese sprunghaften, leicht flüchtigen Ge-
dankenblitze, die kaum über den Moment ihres kurzen Besuchs
hinaus festzuhalten sind. Es sei denn, Sie «überreden» sie mit
einer kurzen Notiz zum Bleiben.

Führen Sie ein Auszeittagebuch

Legen Sie sich dazu ein kleines Auszeittagebuch an. Darin können Sie Ihre Visionen und Ideen eintragen. Zudem zwingt der
Prozess des Aufschreibens den Geist zu Klarheit. Wenn Sie die
Gedanken notieren, diese in einen Zusammenhang oder eine
Reihenfolge bringen, erkennen Sie nicht nur Ihre Fortschritte,
sondern auch Lücken und Schwachstellen (die Ihnen in der nur
mündlichen Fassung gar nicht erst auffallen).

Legen Sie nach Möglichkeit eine bestimmte Zeit am Tag
fest, welche Sie Ihrem Tagebuch widmen, und machen Sie dieses Ritual nicht davon abhängig, ob Ihnen gerade danach ist
oder nicht. Es lohnt sich, mit dieser kleinen Routine dem Suchen, Finden und Nachdenken eine Heimat zu schaffen.

Tipp: Wählen Sie als Tagebuch ein möglichst handliches
Format. Der Vorteil: Sie können es einstecken und überall hin
mitnehmen. Ganz nebenbei lassen sich auf diese Weise Inspira-
tionen festhalten, die sich in frecher Weise an keinen Zeitplan
halten!

II.5 Hilfreiche Methoden nutzen

Sie haben bereits eine konkrete Vorstellung, wie Sie Ihre Auszeit angehen wollen? Effiziente Methoden und ein strukturiertes Vorgehen können viel dazu beitragen, Ihre Auszeit erfolgreich zu gestalten.

Sollten Sie sich beispielsweise entschließen, ein Tagebuch zu führen, dann wenden Sie schon eine Methode an – in diesem Fall eine memotechnische. Dem einen genügt diese Minimalstruktur. Andere möchten weitere effektive Verfahren kennen lernen, die ihre Auszeit Gewinn bringend begleiten. Mehr dazu findet sich im folgenden Kapitel.

«Den ganzen Tag nur denken?»

Wenn Sie die nachfolgenden Übungen und Methoden verwenden, dann ist es wichtig, dass Sie nicht in Ihre übliche Arbeitshaltung verfallen. Schaffen Sie sich in Ihrer Auszeit kompakte «Inseln» zum Denken, Visionieren und Konzipieren. Aber degradieren Sie Ihre Auszeit nicht versehentlich zu einer Abfolge von ganz normalen Arbeitstagen.

Vorschlag: Belegen Sie zwei feste Tageszeiten mit Ihrem persönlichen Projekt. Positionieren Sie diese Abschnitte in einem Zeitkorridor, in dem Sie sich normalerweise gut konzentrieren können, also beispielsweise von 10.00 bis 11.30 Uhr und von 16.00 bis 17.30 Uhr. Muten Sie sich nicht mehr zu als diese drei Stunden «Arbeit». Für den Rest des Tages entspannen und erholen Sie sich.

Stellen Sie fest, dass drei Stunden nicht ausreichen, geben Sie noch etwas Zeit zu, in halbstündigen Schritten. Speziell zu Beginn Ihres Projektes ist es elementar, dass Sie Ihrem Geist Raum zur Entspannung geben. Die Wahrscheinlichkeit ist groß, dass dieser Sie dann mit guten Einfällen und Anstößen überrascht.

Fällt es Ihnen schwer, zum Zeitpunkt X einen Schnitt zu machen und das Projekt liegen zu lassen, dann versuchen Sie es mit einem Wecker, der Sie nach Ablauf Ihrer «Arbeitszeit» aus der Gedankenwelt holt. Förderlich ist es auch, wenn Sie für die verbleibende Tageszeit eine Tätigkeit einplanen, die Ihnen viel Freude macht: beispielsweise Sport, eine Wanderung oder etwas Handwerkliches.[20]

III. Methoden für Auszeit Vier-Plus oder ein Sabbatical

«Nichts ist stärker als eine Idee, deren Zeit gekommen ist.»

Victor Hugo

Schreiben Sie!

Schreiben verleiht Ihrer Auszeit eine besondere Qualität. Dies gilt nicht nur im Fall des Auszeit-Tagebuchs. Sie können zahlreiche weitere Methoden einsetzen. Schon das leere Blatt zieht «frische» Gedanken an, eine ungewöhnliche Fragestellung bringt hilfreiche Antworten hervor, eine Fremdperspektive bereichert die eigene Sicht.

Schreib-Techniken können auf die Spur einer unerwarteten, eventuell sehr wertvollen Antwort führen. Davon mehr auf den folgenden Seiten.

[20] Zum Auszeitsport siehe auch: Seite 175 ff.

III.1 Eine Karte für Ihre Gedanken

Verwendung

Diese Methode bietet Ihnen die Möglichkeit, eine zunächst noch diffuse Vorstellung in ein differenziertes, klar abgegrenztes Bild zu übersetzen. So gewinnen Sie Überblick in einem Gebiet, von dem Sie im Moment noch nicht einschätzen können, welche Bereiche Ihres Lebens es berührt, welche Aspekte noch dazugehören.

Beispiele:

* Sie möchten den Außenauftritt Ihres Unternehmens neu ausrichten.
* Sie planen, Ihre Arbeitsstelle zu wechseln.
* Sie überlegen, mit Ihrem Partner in eine gemeinsame Wohnung zu ziehen.

So führen Sie die Übung durch

Nehmen Sie ein leeres Blatt (wenn Sie lieber ein größeres Format nutzen, verwenden Sie einen Flipchart oder eine Pinwand). Notieren Sie in die Mitte der Fläche Ihr Thema, als Stichwort oder in einem Satz. Von diesem Thema aus lassen Sie jetzt dicke Striche zu den Rändern des Blattes gehen. Unter diese gezeichneten «Äste» notieren Sie – entlang den Ästen – jene Unterthemen, welche nach Ihrer Ansicht das Hauptthema ausmachen, differenzieren oder aufschlüsseln. Zum Hauptpunkt «Gedankenkarte», unserer aktuellen Schreib-Technik, könnten das die Äste «Struktur», «Schreibmedien» und «Praktisches Vorgehen» sein.

Nachdem die Hauptaspekte (= Äste) bezeichnet sind, wenden Sie sich jedem einzelnen dieser Aspekte zu und wiederholen das Verfahren: Benennen Sie die Unterthemen, indem Sie neue Striche zeichnen, die von den einzelnen Hauptästen Richtung Blattrand führen. Betiteln Sie jeden einzelnen dieser neuen Äste mit demjenigen Sachverhalt, den er verkörpert.

Dieses Verfahren können Sie bis in die dritte oder sogar vierte Unterebene fortführen. Sie erhalten auf diese Weise ein sehr differenziertes Bild von Ihrem Anliegen. Verwenden Sie verschiedene Farben, um die Themen und Unterthemen optisch voneinander zu unterscheiden; damit gewinnt Ihr Bild stark an Übersichtlichkeit.

Tipp: Es ist nicht wichtig, dass die Darstellung in einem einzigen Anlauf fertig wird. Es bietet sich an, nach und nach weitere Ideen hinzuzufügen. Auf diesem Weg zeichnen Sie ein umfangreiches und klar strukturiertes Bild von Ihrem Anliegen. Sie können nun Ihr Thema weiter bearbeiten, indem Sie aufschreiben, was zu den einzelnen Punkten noch zu klären ist – oder sich der Frage zuwenden, auf welche Weise Sie die ausgewählten Punkte weiter bearbeiten wollen.

Sollte Ihnen die Karte irgendwann unübersichtlich erscheinen, dann konzipieren Sie diese eben neu. Sie werden feststellen, dass sich mancher neue Bezug ergibt, manches in einem anderen Licht erscheint als auf der alten, übervollen Karte.

III.2 Zeit für Visionen

> «Der einzig wahre Realist ist
> der Visionär.»
>
> Frederico Fellini

Diese Methode ermöglicht es Ihnen, ein klares Zielbild zu entwickeln von dem, was Sie sich für die Zukunft wünschen oder vorstellen.

Beispiele:

* Sie wollen das Verhältnis von Privat- und Berufsleben neu denken und balancieren.

- Sie möchten Ihre Lebensziele modifizieren oder neue Ziele ins Auge fassen.
- Sie wollen klare Ziele für das kommende Geschäftsjahr entwickeln.

So führen Sie die Übung durch

Um die Übung griffig zu beschreiben, bietet sich das zweite der oben genannten Beispiele an. Es fokussiert die biografische Orientierung.

Am Anfang steht wieder das leere Blatt. Darauf notieren Sie als Überschrift das Thema. Dann beschreiben Sie auf ein bis drei Seiten ihre persönliche Lebenskonstruktion: und zwar aus dem ganz speziellen Blickwinkel eines «präsentischen Erzählers».

Dieser Erzähler ist eine Person, welche sich dort befindet, wo Sie noch hinwollen – die also bereits angekommen ist. Aus deren Blickwinkel heißt es dann nicht: «Ich werde ...», «Ich möchte ...», sondern Sie beschreiben Ihr Tun und Sein, als wenn alles schon geschehen wäre bzw. gerade geschieht. Also: «Ich bin verheiratet ...», «Ich lebe in einer Dachwohnung am Rhein ...». Dieser perspektivische Kunstgriff überwindet die Distanz, bringt Sie – auch emotional – näher an Ihr Thema heran. Es stellt Sie mitten ins Szenario und lässt es gegenwärtig erscheinen.

Als hilfreich erweist es sich, bereits in der Themenstellung einen konkreten Zeithorizont einzubauen. Das hört sich dann folgendermaßen an: «So lebe ich in zwei Jahren». Unter dieser Überschrift erörtern Sie dann ausführlich, wie sich Ihr Leben gestaltet.

Tipp: Natürlich lässt sich die «Schere im Kopf», die innere Zensur, nicht einfach so ausschalten. Sie meldet sich gerne überkritisch zu Wort: «Das kann ich mir nicht erlauben», «Was würden die anderen dazu sagen?», «Das ist unrealistisch». Sicher gibt es gute Gründe, dieser Stimme an der einen oder anderen Stelle aufmerksam zuzuhören. Dennoch macht es Sinn, dass Sie

Ihre Vision nicht vorschnell beschneiden. Votieren Sie im Zweifel lieber für den «Angeklagten». Aussortieren und korrigieren können Sie immer noch im folgenden zweiten Schritt.

Phase Zwei

In dieser Phase arbeiten Sie daran, das Bild umzusetzen. Konzentrieren Sie sich zunächst auf diejenigen Punkte, von denen Sie glauben, dass sie leicht zu verwirklichen sind. Notieren Sie, was Sie unternehmen, um dorthin zu gelangen – und welche konkreten Einzelschritte dazu notwendig sind. Letztere können Sie in einen Zeitplan übertragen.

Erst dann wenden Sie sich jenen Punkten zu, die sich nicht ohne weiteres realisieren lassen, die sich Ihrer Mühe widersetzen. Versuchen Sie, auch diese zu klären.

Nach getaner Arbeit bleibt manchmal ein Rest, der im Moment nicht vollständig zu klären ist. Notieren Sie abschließend zu jedem einzelnen dieser Punkte und «Fragezeichen», worin genau das Problem besteht und wo Sie Lösungsansätze sehen bzw. suchen wollen. Ein solcher Ansatz zur Lösung kann sachlicher Art sein (Informationen sammeln, recherchieren); oder er liegt auf der persönlichen Ebene (Ängste, Unsicherheit überwinden, etc.). Halten Sie abschließend fest, mit wem Sie darüber sprechen und wo Sie sich Unterstützung holen wollen.

III.3 Mut zum Perspektivenwechsel

«Es hat alles zwei Seiten.
Aber erst wenn man erkennt,
dass es drei sind, erfasst man
die Sache.»

Heimito von Doderer

Wenn Menschen es wagen, die Perspektive zu wechseln, dann verbeugen sie sich damit vor der Tatsache, dass ihre Sichtweise, auch wenn sie noch so gut begründet ist, doch stets eine unter vielen möglichen bleibt.[21]

In unserer Auszeit wechseln wir die Perspektive, indem wir die Dinge mit den Augen einer anderen relevanten Person betrachten (zum Beispiel der Geschäftsfrau oder des Partners). Diese Person ist nicht anwesend. Sie selbst, der Auszeitler, nehmen ihre Rolle ein. Zwar gewinnen wir auf diese Weise kein zweifelsfreies Abbild von dem, was diese Person tatsächlich zum Sachverhalt beitragen würde, wäre sie jetzt anwesend. Aber indem wir mit unserer Fantasie die Brücke schlagen, erhalten wir wichtige Informationen für unsere Situation.

Beispiele:

- Sie sehen den unangenehmen Streit mit einem Geschäftspartner durch dessen «Brille», auf der Suche nach mehr Verstehen und Verständnis – und natürlich einer Lösung.
- Sie beschreiben die Umstände einer schwierigen beruflichen Entscheidung aus den Augen Ihrer Lebenspartnerin oder Ihrer Kinder – um die möglichen Folgen abzuschätzen.

---

[21] Ausführlich zur Relativität von Perspektiven: Watzlawick/Krieg, Das Auge des Betrachters.

- Sie beschreiben einen Konflikt mit einer Mitarbeiterin aus deren Perspektive, um daraus Informationen für eine Klärung zu gewinnen.

So führen Sie die Übung durch

Achten Sie darauf, dass es nicht bei einem knappen Kommentar bleibt, wenn Sie diese Aufgabe durchführen. Sich in einen anderen hineinzuversetzen benötigt Zeit und Ausdauer, manchmal auch mehrere Anläufe. Nur allzu rasch erliegen wir dabei der Versuchung einer allzu «dünnen» (das Heikle beiseite schiebenden) Antwort.

Aufgabe: Fragen Sie sich, was – zum Beispiel in einem Konfliktfall – dem anderen das Recht gibt, sich so und nicht anders zu verhalten. Beantworten Sie diese Frage detailliert. Wenn Sie weniger als zwei Gründe finden, welche das Verhalten Ihres Gegenübers plausibel, verständlich, nachvollziehbar machen, ist Ihre Lösung wahrscheinlich «unterkomplex», man könnte auch sagen: oberflächlich.

Diese Art des Perspektivenwechsels stellt eine sehr anspruchsvolle Übung dar, denn sie setzt voraus, dass Sie bereit sind, für einen Moment die eigene Meinung zurückzustellen, sie als eine unter anderen möglichen zu betrachten.

Eine Variation - Befragen Sie eine Autorität

Ein weiterer Zugang, mit dem Sie wertvolle Informationen gewinnen können, ist der Blick durch die «Brille» eines Menschen, dessen Meinung Sie besonders schätzen. Versetzen Sie sich in ihn hinein und überlegen Sie: Wie würde sie oder er die Situation beurteilen? Welche Ihrer eigenen Gedanken würde dieser von Ihnen geschätzte Mensch teilen? Welche nicht?

III.4 Schreiben macht frei

> «Ich verdanke dem Schreiben
> alles.»
>
> Anaïs Nin

Beispiele:

- Sie verarbeiten die Trennung von Ihrem Partner.
- Sie sehen sich mit dem Verlust eines vertrauten Menschen konfrontiert.
- Sie sind verstrickt in Ihre Emotionen (weil jemand Sie verletzt hat oder Sie sich mitten in einer heftigen Auseinandersetzung mit jemandem befinden).
- Sie müssen sich mit den Folgen einer schweren Erkrankung auseinander setzen.

Manchem Auszeitler hilft das bloße Aufschreiben eines Erlebnisses, einer Situation weiter. Er gewinnt Abstand, schreibt sich das Bedrückende von der Seele.

Allerdings geht einem solchen Erfolg voraus, dass Sie wirklich genau das aufschreiben, was Ihnen gerade in den Sinn kommt, ohne sich also das eine zu verbieten und das andere zu erlauben.

Gerade introvertierte emotional belastete Menschen erleben mit Verwunderung, wie jeder Buchstabe und jedes Wort, das sie aufs Blatt bringen, den inneren Druck verringert. Die Beklemmung weicht Erleichterung, eventuell einem Mehr an empfundener Freiheit.

Sollte sich dieser «Erfolg» nicht einstellen, so schafft diese Methode zumindest die notwendige Distanz – für eine sachlich-neutrale Haltung sowie strukturiertes Nachdenken. Alles Vorboten einer konstruktiven Lösung!

So führen Sie die Übung durch

Nehmen Sie sich Zeit und sorgen Sie für Ruhe, so dass Sie die nächsten Stunden ungestört verbringen.

Setzen Sie sich hin und schreiben Sie Ihr Erlebnis, Ihre Gedanken und Ihre Sorgen nieder. Achten Sie darauf, dass Sie auf gar nichts achten. Weder eine bestimmte äußere Form noch der innere Zusammenhang müssen gewährleistet sein. Wenn Ihnen unerwartet ein ganz anderer Aspekt in den Sinn kommt – dieser in diesem Zusammenhang plötzlich wichtig erscheint –, so ist das auch in Ordnung. Richtig ist jeweils das, was Ihnen in den Sinn kommt, gerade jetzt!

Natürlich muss nicht alles auf einmal gesagt werden. Geschriebenes hat die angenehme Qualität, dass es für Fortsetzungen und Ergänzungen stets offen bleibt.

Variation – Das Ritual für Abschied und Neuanfang[22]

Das Ritual macht es grundsätzlich möglich, eine innere Bewegung (eine Entscheidung, einen Abschied) mit einer äußeren Handlung zu verschränken, ihr dadurch besonderen Nachdruck zu verleihen. Wendepunkte oder Kernereignisse der menschlichen Biografie sind häufig in ein Ritual eingebettet. Unsere Gesellschaft beispielsweise nutzt diese Zeremonien anlässlich Geburt, Eintritt ins Erwachsenenalter, Heirat oder Tod; aber auch zu besonderen Jahresdaten (Jahreswechsel, Erntedankfest). Über diese kulturell verankerten Riten hinaus entwickeln einzelne Menschen ganz individuelle Rituale. Sie ermöglichen es, eine persönliche Erfahrung zu teilen. Oder sie begleiten den Einzelnen stärkend durchs Leben.

Diesen Sachverhalt können Sie auch für Ihre persönliche Auszeit nutzen: Nachdem Sie sich Ihr Problem von der Seele geschrieben haben, bekräftigen Sie dies mit einem Ritual.

---

[22] Ausführlicher dazu: Welter-Enderlin/Hildenbrand, Rituale, Vielfalt in Alltag und Therapie.

Beispiele:

- Wenn Sie sich verabschieden wollen von einem Menschen (den Sie durch Trennung oder Tod verloren haben).
- Wenn Sie sich von Ihrem Ärger, Ihren negativen Emotionen lösen möchten.
- Wenn Sie einen Lebensabschnitt beenden und zugleich einen Neuanfang anstreben.

So führen Sie die Übung durch

Suchen Sie sich einen Ort, der Ihnen angemessen erscheint. Das kann irgendein Platz sein: im Haus, am Wasser, im Wald, auf der Wiese, auf dem Segelboot oder im Hotel. Finden Sie nun für sich einige Worte, welche das beschreiben, was Sie vorhaben zu tun (loslassen, frei werden, Souveränität/Großzügigkeit erlangen).

Sie können auch Ihren Ärger aufschreiben, Wut oder Schmerz – Namen, Daten, Vorkommnisse, die für das Bedrückende stehen. Verabschieden Sie nun das Geschriebene, indem Sie es feierlich verbrennen, vergraben oder ins Wasser werfen. Oder tun Sie sonst etwas, das Ihnen eindrücklich vergegenwärtigt, dass genau jetzt ein Abschnitt zu Ende geht (und ein neuer beginnt). Sie werden erleben: Die äußere Haltung bekräftigt die innere Bewegung und wird zu einem Symbol für den Neubeginn.

Ein Hinweis zu den Grenzen der Schreib-Methode

Ein schwer wiegendes, erschütterndes (traumatisches) Ereignis anzugehen, ist mitunter sehr belastend. Sie begeben sich in den Grenzbereich menschlichen Erlebens. Frage: Wollen Sie sich diesem Wagnis allein, ohne professionelle Unterstützung, aussetzen? Es steht mitunter viel auf dem Spiel, in jedem Fall Ihr persönliches Wohlbefinden.

Wenn Sie also entscheiden, sich auf die erläuterten Methoden zum Schreiben einzulassen, kann daraus ein großer Gewinn resultieren. Bleiben Sie aber nicht mit Ihrem seelischen Gepäck allein, sollte es sich herausstellen, dass Ihnen dabei nachhaltig «eng ums Herz» wird. Wenn Ihr Thema Sie sehr aufwühlt und durcheinander bringt, scheint Hilfe von dritter Seite angebracht.

III.5 Bilanzieren tut gut

> «Man kann den Wert eines Lebens
> nicht nach der Länge messen. Er
> ist vom Inhalt abhängig.»
> Michel de Montaigne

Vielleicht möchten Sie die Auszeit L dazu nutzen, um die zurückgelegte Lebensphase zu gewichten – mit anderen Worten: gründlich zu bilanzieren. Was im Unternehmenskontext üblich ist, um sich einen – zumindest groben – Überblick zu verschaffen (darüber, ob die Unternehmung «gesund» ist), kann auch im individuellen Lebensvollzug äußerst effektiv sein. Dabei dient die Bilanz nicht purem Selbstzweck, sondern sie liefert dem Auszeitnehmer wichtige Anhaltspunkte in Fragen der persönlichen Orientierung. Die Informationen bilden die Grundlage, um thematische Gewichtung, Kräfteverteilung und Ressourcen im eigenen Lebensstil zu überdenken und neu anzugehen.

So führen Sie die Übung durch

Dazu bietet sich eine interessante Methode an, die Ihnen zunächst vermutlich fremd erscheinen wird. Aber gerade diese Fremdheit in der Aufgabe garantiert auch, dass Sie Information und Einblicke gewinnen, die jenseits der erwartbaren Ergebnisse liegen; das heisst wirklich Neues hervorbringen.

Also: Schreiben Sie einen Nachruf auf Ihr eigenes Leben. Fassen Sie diesen Nachruf so, wie ein aufrichtiger Beobachter ihn Ihrer Meinung nach schreiben würde: für die Rede zu Ihrem Begräbnis. Was sich zunächst etwas geschmacklos anhört, ist die Chance, wertvolle Einsichten zu gewinnen. Diese geschriebenen Worte haben das Potenzial, Ihr Lebenskonzept zu bestätigen oder auch nachhaltig zu korrigieren.

Variationen

Variante I – Schreiben Sie den Nachruf aus der Sicht des Ihnen am nächsten stehenden Menschen (oder aus der Sicht eines anderen Menschen, der Ihnen sehr wichtig ist). Gewinnen Sie aus dieser Perspektive Klarheit.

Variante II – Lassen Sie eine Person sprechen, deren Meinung und Urteil Sie besonders schätzen.

Sie können die beiden Szenarien durch einen weiteren Arbeitsschritt ergänzen. Konfrontieren Sie die reale Person (aus deren Perspektive Sie den Text verfasst haben) mit Ihrem Entwurf. Bitten Sie den Freund/die Freundin, dazu Stellung zu nehmen.

Variante III – Lassen Sie in Ihrem Schreiben einen fiktiven Notar sprechen. Stellen Sie sich vor: Bei ihm hätten Sie (notariell beglaubigt) vor fünf Jahren Ihre leitenden Werte und Ideale hinterlegt. Was sagt er zu Ihrer Entwicklung? Wie beschreibt er das Verhältnis von «Soll» zu «Ist»?

Der abschließende Schritt

Setzen Sie nun jenen Nachruf auf, von dem Sie sich wünschen, dass er tatsächlich so oder ähnlich verlesen wird bei Ihrem Ableben. Anschließend halten Sie die möglicherweise auftretende Differenz fest (Abweichung zwischen dem Ist-Wert und dem

Wunsch-Wert): schriftlich! Bestimmen Sie in den folgenden Tagen Ihrer Auszeit, wie und ob Sie die Lücke zwischen «Ist» und «Soll» schließen möchten. Wie könnten erste Schritte aussehen, die dorthin führen?

III.6 Pro und Contra – Abwägen und Differenzieren

Sie stehen vor einer Entscheidung? Dann verwenden Sie diese Methode, wenn Sie viele Pro- und Kontrapunkte gesammelt haben, sich aber noch keine Lösung herauskristallisiert; oder Sie sich schwer tun mit einem Ja oder Nein.

Beispiele:

- Sie stehen vor der Entscheidung für oder gegen einen Auslandsaufenthalt.
- Sie überlegen, ob es sinnvoll ist, sich selbstständig zu machen oder nicht.
- Sie überlegen, ob Sie nebenberuflich promovieren sollen oder nicht.

So führen Sie die Übung durch

Zeichnen Sie ein T-Konto auf. Nehmen Sie dazu ein Blatt oder einen Flipchartblock. Schreiben Sie in die erste Zeile Ihr Thema. Etwa zwei Zeilen darunter ziehen Sie einen Querstrich über die Breite des Blattes. Diese Linie schneiden Sie in der Mitte mit einem weiteren Strich, der sich vom Kopf bis zum Fuß des Blattes zieht. So haben Sie die Schreibfläche mit einem großen «T» unterteilt. Abschließend schreiben Sie über die linke Spalte des Ts «Pro», über die rechte «Contra».

In dieses T-Konto listen Sie nun links jene Hinweise auf, welche für Ihr Vorhaben sprechen. Auf der rechten Seite notieren Sie diejenigen Punkte, welche gegen Ihr Vorhaben sprechen. Sind Sie mit dem Ergebnis zufrieden – gut. Sind Sie es nicht, dann sollten Sie eine differenzierende Bewertung vornehmen. Frei nach F.W. Schiller: «Man soll die Stimmen wiegen, nicht zählen.» Markieren Sie alle Stichworte, die Sie für besonders wichtig halten, mit einem farbigen Punkt. Wie sieht jetzt die Gegenüberstellung aus? Stoßen Sie immer noch zu keiner Lösung durch, bieten sich verschiedene Wege an. Doch zunächst: Denken Sie möglichst nicht weiter über die Liste nach, lassen Sie diese für ein bis zwei Tage ruhen. Greifen Sie dann zu einer der nachstehend illustrierten Möglichkeiten:

Die erste Möglichkeit

Diskutieren Sie Ihre Aufstellung mit einer Vertrauensperson. Dazu erläutern Sie zunächst Ihr T-Konto und bitten Ihren Sparringspartner, Sie nicht zu unterbrechen, auftretende Fragen und Anmerkungen stichpunktartig zu notieren. Erst dann, wenn Sie Ihre Aufstellung als Ganzes erläutert haben, trägt Ihr Gegenüber seine Gedanken vor.

Wichtig: Jetzt ist es an Ihnen zu schweigen. Verzichten Sie auf Kritik, verteidigen und rechtfertigen Sie sich auch nicht, machen Sie lediglich Notizen; anschließend sprechen Sie mit Ihrem Dialogpartner darüber.

Integrieren Sie die neu hinzugekommenen Perspektiven und Anhaltspunkte. Ist jetzt eine Entscheidung möglich?

Die zweite Möglichkeit

Schreiben Sie jeden Ihrer Punkte aus dem T-Konto auf eine einzelne Papierkarte oder ein anderes bewegliches Material. Ihr «Mitspieler» (nicht Sie) sortiert die Karten, ordnet diese aber nach seinen persönlichen Prioritäten. Die Karte, die er – pro Seite des T-Kontos – am stärksten gewichtet, steht zu Ende ganz oben in der Reihe. Nach unten nimmt die Gewichtung ab. Während die Priorisierung ihren Lauf nimmt, sind Ihrerseits lediglich Verständnisfragen erlaubt.

Wichtig: Pflegen Sie diese Haltung auch, wenn Ihr Partner die Karten fertig geordnet hat: Kritisieren Sie nicht, sondern fragen Sie lediglich nach, versuchen Sie zu verstehen, warum Ihr Partner die Karten in dieser Reihenfolge gesetzt hat – und nicht anders.

Nutzen Sie nun jene neuen Argumente, welche für Sie relevant sind, um zu einer Entscheidung zu kommen.

III.7 Von der Lösung her denken – Das Ziel[23]

> «Erst das Ziel zeigt uns den Weg.»
>
> unbekannt

Wenn wir über ein Problem nachdenken, dann nimmt unser Denken seinen Ausgangspunkt meist am Problem selbst. Doch immer dann, wenn es um einen Anlass geht, der in Ihrem Kopf sehr präsent ist, weil Sie schon lange und tiefgehend darüber nachgedacht haben, lohnt es sich, lösungsorientiert vorzugehen. Doch was genau unterscheidet die Orientierung am Problem von der Orientierung an der Lösung? Nachstehend erklären wir den Sachverhalt anhand einer Gegenüberstellung. Zunächst wenden wir unsere Aufmerksamkeit der problemorientierten Perspektive zu.

Problemorientiertes Vorgehen

Sie beschäftigen sich eingehend mit dem Problem und versuchen – mittels einer Analyse des Störfaktors, der Irritation oder des Konflikts – einen Lösungsweg zu finden. Wenn Sie zum Beispiel mit Ihrem Arbeitsplatz unzufrieden sind, lauten typische problemorientierte Fragen:

---

[23] Ausführlicher dazu: De Jong/Berg, Lösungen (er-)finden.

- Wann ist dieses Problem zum ersten Mal aufgetreten?
- Was sind mögliche Ursachen dafür, dass es mir zunehmend schwerer fällt, an meinem Job Befriedigung zu finden?
- Welche Umfeldfaktoren (Reorganisation, Chefin, Kollegen) sind an meinem Problem ursächlich beteiligt?
- Was können andere, mir nahestehende Personen zur Ursachenforschung beitragen?

Lösungsorientiertes Vorgehen

Wer lösungsorientiert an ein Problem oder einen Sachverhalt herangeht, schiebt das Problem selbst erst einmal zur Seite. Dies mag ungewöhnlich erscheinen, kann sich aber als zielgerichtet erweisen.

Statt auf die Problemlage zu fokussieren, beschäftigt sich der Auszeitler jetzt mit der Lösung, indem er zwischen drei Methoden wählt:

- Von der Lösung her denken – Das Ziel,
- Von der Lösung her denken – Die gute Ausnahme,
- Von der Lösung her denken – Der Papierkorb.

Von der Lösung her denken – das Ziel

Was geschieht bei dieser Übung? Wir beschreiben kurz die Theorie, dann die Praxis.

Wenn wir uns ein Wunschbild oder eine Zielvorstellung detailliert ausmalen, erweckt dies Gedanken, Ideen und Kräfte, die aus der Problemperspektive nicht zugänglich sind. Das gelingt jedoch nur, wenn der Auszeitler sich intensiv gedanklich in den Wunsch- oder Zielzustand hineinversetzt.

So führen Sie die Übung durch

Für das beschriebene Beispiel, Unzufriedenheit mit dem Arbeitsplatz, sieht das so aus: Statt weiterhin (problemorientiert) Ursachenforschung zu betreiben, stellt sich der Time-outer seinen idealen Arbeitsalltag vor (spannend, motivierend, wünschenswert). Bei diesem Schritt ist Kreativität gefragt, keinesfalls die «Schere im Kopf».

Je konkreter sich das Bild entwickelt, je präziser der Idealzustand beschrieben wird, umso besser. Dabei können folgende Fragen weiterhelfen:

- Um welche Zeit stehe ich auf?
- Auf welchem Weg, mit welchem Fahrzeug komme ich zu meinem bevorzugten Arbeitsplatz?
- Wo sitze ich dort?
- Wie ist der Raum eingerichtet?
- Von welchen Menschen bin ich dort umgeben?
- Mit wem arbeite ich dort eng zusammen?
- Wie ist die Hierarchie gestaltet? Wo bin ich eingeordnet?
- Wie ist der Tag in der Firma strukturiert?
- Wann mache ich meine Pausen? Wie gestalte ich diese?
- Arbeite ich alleine oder im Team?
- Wie gestaltet sich mein Aufgabenprofil?
- In welcher Stimmung, mit welchen Gedanken begebe ich mich auf den Heimweg?

Diese Fragen können so oder anders lauten. Sie können den Fragenkreis weiter ziehen oder enger stecken. Genau so, wie es für Ihre persönliche Situation passt. Legen Sie Ihrer Fantasie keine Zügel an, erlauben Sie sich zu träumen! Lösen Sie sich dabei von dem, was Sie aktuell für realistisch halten. Es ist allein Ihre Vorstellungskraft, welche zu neuen Perspektiven verhilft.

Bis die Ideal-Vorstellung steht, gilt es den Problem-Zustand aktiv zu ignorieren. Erst dann, nach dem Aufbau eines «Gegenbilds», vergleichen Sie Ihre Vision mit dem, was Sie zurzeit tatsächlich leben und erleben.

Jetzt lautet die spannende Frage: Welche Impulse nehmen Sie mit? Welche Intentionen, welche Handlungsansätze ergeben sich daraus? Mit welchen Aspekten haben Sie sich so sehr angefreundet, dass Sie diese nicht mehr missen möchten?

Ziel dieser Methode ist es nicht, den bestehenden «Zustand» umzustürzen. Schließlich ist jeder Auszeitler frei, auch nachdem er eine Differenz zwischen Sollzustand (=Zielbild) und Ist-Zustand festgestellt hat, die aktuelle Situation zu akzeptieren, ja fortzusetzen. Andererseits kann eine solche genaue Vorstellung ein wesentliches Mittel sein, um an einer zentralen Stelle der Biografie gründlich zu werden. Und Gründlichkeit schiebt manchmal Veränderung an.

Beispiel

Klaus Molinari, leitender Mitarbeiter im Marketing eines Pharmakonzerns, stellt während einer zweiwöchigen Auszeit für sich fest, dass sich sein Bedürfnis nach Sinnhaftigkeit im Job nicht mehr erfüllt – im Verlauf seiner zehnjährigen Tätigkeit aus dem Unternehmen hinausentwickelt hat. Während sich der Timeouter in Gedanken eine Marketingtätigkeit für eine Firma ausmalt, die «dem Menschen von nebenan» tatsächliche Bedürfnisse erfüllt, sieht er sich und sein Unternehmen im Wesentlichen damit beschäftigt, so genannte Lifestyle-Produkte zu vermarkten; Gegenstände und Dienstleitungen, welche keinen Mangel aufheben, keine Notwendigkeit abdecken, ja für welche das Bedürfnis häufig erst geweckt werden muss.

Mit Blick auf die in Kürze anstehende Beförderung bietet sich eine berufliche Veränderung zu diesem Zeitpunkt nicht an. Trotzdem findet Molinari (angesichts der attraktiven Vision einer für seine Maßstäbe «sinnvollen» Tätigkeit) «keine Ruhe mehr». Ein halbes Jahr später verlässt er die Firma, um sich einem «erfüllenden Engagement» zuzuwenden.

III.8 Von der Lösung her denken – Die gute Ausnahme

Ein weiterer lösungsorientierter Zugang eröffnet sich mit der Frage nach der guten Ausnahme von der Regel. Bezüglich beruflicher Unzufriedenheit heißt die Leitfrage: «An welchen Tagen, wann genau in Ihrem Tagesablauf sind Sie zufrieden mit Ihrer Arbeit?» Schließlich ist selten zu beobachten, dass eine Unzufriedenheit, ein Konflikt oder eine negative Stimmung acht, zehn oder zwölf Stunden am Tag anhält.

Beispiele

Eine Klientin stellt fest, dass ihre Arbeitszufriedenheit immer dann deutlich steigt, wenn sie mit anderen, also im Team, arbeiten kann. Das ist die gesuchte Ausnahme, welche sich bei weiterem Nachfragen bestätigt: Sie zeigt sich unabhängig davon, ob es um ein diffiziles Projekt mit Reibungspunkten geht oder um eine simple Routineaufgabe.

Die Auszeitlerin zieht daraus die Konsequenz, sich nicht nur im Projektmanagement weiterzubilden, sondern auch auf eine entsprechende Stellenausschreibung im Konzern zu bewerben. Die Ausnahme von der Regel hat hier auf die richtige Spur geführt.

Ein anderer Klient kommt in der Beratung zu der Erkenntnis, dass die üblichen Konflikte mit seinen beiden Kindern und seiner Frau ausbleiben, wenn er (zufällig) etwas mehr Zeit für sich selbst hat.

Nach zwei – von einem Berater moderierten – Gesprächen vereinbart das Paar, dass er die ersten 90 Minuten nach Arbeitsende «frei» hat. Es sei denn, es liege etwas außergewöhnlich Dringliches vor. Was er mit dieser Zeit tut, wo er sich aufhält, mit wem er sich trifft, steht ihm völlig frei. Verbringt er diese «Pufferzeit» zu Hause, ist er für niemanden ansprechbar; außer, er signalisiert eine andere Absicht.

Nicht immer stellt sich mit einer gefundenen Ausnahme gleich der Erfolg ein. Häufig kann sie jedoch dabei helfen, die ersehnte Lösung zu konstruieren.

III.9 Von der Lösung her denken – Der Papierkorb

Schreiben Sie zunächst die bisherigen Lösungsversuche, Ihre persönliche «Lösungsgeschichte», auf. Tun Sie dies anhand von zwei Leitfragen:

- Welche Lösungsideen habe ich oder haben andere bereits formuliert?
- Welche aktiven Lösungsversuche habe ich (haben andere) schon unternommen?

Wichtig: Agieren Sie als ein akribischer Buchhalter Ihrer Gedanken. Notieren Sie wirklich alles. Unabhängig davon, ob Sie es zwischenzeitlich verworfen hatten. Bewahren Sie diese Aufzeichnungen auf und greifen Sie im weiteren Verlauf des Lösungsprozesses immer wieder darauf zurück.

In einem zweiten Schritt heben Sie hervor, welche einzelnen Aspekte an diesem Lösungsversuch Sie auch jetzt noch als brauchbar erachten. Auf diese Weise sammeln Sie Indizien und Hinweise, die – zusammen mit anderen Puzzle-Teilen, die Sie jetzt noch nicht kennen – plötzlich zu einer Lösung führen können.

Beispiel

Die Kreativ-Direktorin einer Schweizer Werbeagentur gerät ständig mit einem Texter in Konflikt, der freiberuflich für ihre Abteilung arbeitet. Ihr Ziel ist es, den Kreativen in der Agentur zu halten. Denn hat der sein Produkt erst mal abgeliefert, begeistert das Ergebnis in der Regel die Kundschaft.

Allerdings lässt der Texter sich mit der Abgabe seiner Entwürfe mehr Zeit, als geplant ist (und für das Team erträglich). Weil ihre Angestellten dadurch laufend in Zeitverzug geraten, ist abzusehen, dass der Konflikt weiter eskaliert. Eine erste Aussprache hat nichts gebracht, außer einer vagen, gleich wieder durchbrochenen Absichtserklärung.

Der (verworfene) Lösungsansatz

Eine Lösungsidee, von einem der beiden Inhaber der Agentur zwischen Tür und Angel geäußert, war gewesen, den Freien Mitarbeiter ausschließlich bei rechtzeitiger Abgabe zu bezahlen. Dieser Vorschlag war aus rechtlichen Gründen rasch verworfen worden. Er wurde, wie man es von elektronischer Datenentsorgung kennt, in einem virtuellen Papierkorb versenkt.

Wühlen im Papierkorb

Dort findet ihn dann Kreativ-Direktorin Wyss. Sie nimmt den Kern der Idee nochmals auf: Weshalb nicht die Leistung an das Honorar koppeln? An diesem Einzelbaustein konkretisiert sich ein Lösungsversuch, der sich als praktizierbar erweist: Der Rahmen-Vertrag mit dem Freelancer wird neu aufgesetzt. Das nunmehr deutlich niedriger angesetzte Grundhonorar stockt sich um einen erheblichen Prozentsatz auf, wenn die Arbeiten rechtzeitig, zum vereinbarten Termin (sowie in der geforderten Ausführung) eintreffen.

Wyss ist zufrieden. In den kommenden Monaten werden neun von zehn Aufträgen gemäss Vorgabe abgewickelt. Die verbleibenden zehn Prozent, sagt sie, «kann eine gut organisierte Agentur verkraften».

85

III.10 Das Trio Eccellente – Visionär, Realist und Kritiker[24]

> «Der Träumer ist der eigentliche
> Tatmensch.»
>
> Fernando Pessoa

Diese Methode lässt sich gut einsetzen, wenn Sie etwas planen – und dabei ein relativ großer Spielraum zur Verfügung steht. Auch wenn Sie sich mit einem sehr vielschichtigen Thema auseinander setzen, dieses von verschiedenen Seiten beleuchten möchten, sind Sie mit diesem Verfahren gut beraten. Denn es verhilft unterschiedlichen Stimmen zu ihrem Recht. Stimmen, die in Ihrem Kopf und in Ihrem Herzen laut werden und sich in ihrer Aussage oft widersprechen. Wir stecken sie für unseren Zweck in drei «Schubladen»: Visionär, Realist und Kritiker.

Eine weitere gute Eigenschaft dieses Trio Eccellente: Es bändigt die «Schere im Kopf»; jenen Zwischenrufer, der mit seiner vorschnellen Kritik aufkeimende visionäre Pflänzchen niedertritt, bevor sie überhaupt reifen.

So führen Sie die Übung durch:

- **Zunächst: Visionieren und träumen ...**

Erstellen Sie ein Zielbild von Ihrem Thema, Vorhaben oder Gegenstand, mit dem Sie sich näher befassen wollen. Dabei werden Ihnen kritische Gedanken kommen; auch Gedanken, die sich sofort damit beschäftigen, wie diese Vision praktisch umzusetzen wäre. Behandeln Sie diese Zwischenrufe mit gezielter Interesselosigkeit. Erst wenn Ihr Zielbild steht (Sie sich beispielsweise mit der Vision einer Tätigkeit als Reiseleiter in Süd-

---

[24] Angeblich hat Walt Disney (1901–1966) auf diese Weise seine Visionen erschaffen und in handhabbare Projekte umgesetzt.

amerika oder einem General-Marketingplan für Osteuropa angefreundet haben), wechseln Sie den Stuhl – und damit die Perspektive. Dieser Perspektivenwechsel fällt Ihnen noch leichter, wenn Sie tatsächlich den Sitzplatz wechseln; sich auf einen anderen, bereitstehenden Stuhl setzen.

- ● **Dann: ... realisieren und umsetzen**

Jetzt macht sich der Realist an die Arbeit: Indem er die entwickelte Vision umsetzt. Die Masterfrage lautet: Wie kann die beschriebene Vision realisiert werden? Welche Mittel, Wege und Menschen benötigen Sie dazu? Erledigen Sie diesen Transferauftrag, als ob Sie ihn von einem anonymen Dritten erhalten hätten. Kritisieren ist nicht Ihre Aufgabe! Sie setzen die Vorgaben rücksichtsfrei um und bringen dadurch die Vision auf den Boden. Selbst wenn es sich um das windigste Luftschloss handelt!

- ● **Zuletzt: kritisieren**

Jetzt erst kommt der Kritiker zu Wort. Er identifiziert Schwächen im Konzept und legt gnadenlos den Finger in die Wunde. Was den «Kugelhagel» des Kritikers überlebt, ist entweder Ihr Endergebnis. Oder stellt – wie es häufig der Fall ist – die Ausgangsbasis für eine neue Visions-Arbeit dar. In diesem Fall beginnen Sie wieder mit Schritt eins. Nur visionieren Sie jetzt nicht völlig frei, sondern nehmen das «Zwischenergebnis» als Grundlage.

Wichtig: Trennen Sie die drei Phasen strikt voneinander. Es stehen jeweils exklusiv der Visionär, der Realist oder der Kritiker im Vordergrund. Jede Figur bekommt für ihre Zeit das ausschließliche Rederecht eingeräumt.

III.11 Begleitung macht Sinn

Die geschilderten Methoden unterstützen Sie darin, die gewohnte Perspektive zu verlassen, neue Einsichten zu gewinnen und bestehende Sichtweisen mit weiterführenden Nuancen anzureichern. Allerdings fordert das von Ihnen, dass Sie, in einer Art Doppelrolle, sich selbst begleiten bei Ihren Überlegungen. Konkret heißt das, gleichzeitig die Rolle von «Sprecher» und «Hörer» auszufüllen. Der resultierende innere Dialog, kann – als konstruktives Selbstgespräch geführt – äußerst effektiv und erfolgreich sein.

Manchmal genügt das aber nicht. Sie haben zwar neue Informationen gewonnen, aber trotzdem will sich die zündende Inspiration nicht einstellen. Und in der Tat hängt viel davon ab, inwiefern Sie, paradox formuliert, sich selbst fremd werden können in Ihrer Wahrnehmung und Ihrem Nachdenken.

Wenn Sie dieser Klippe ausweichen oder sie überwinden wollen, ist es sinnvoll, sich eine Begleitung zu gönnen. Suchen Sie sich einen Menschen, der achtsam ist, der zuhört. Und der etwas zu Ihrem Thema beitragen kann. Dieser Begleiter muss kein Profi sein (Berater, Supervisorin). Allerdings hilft es, wenn Ihr Gesprächspartner über einen reflektierten Horizont verfügt und imstande ist, ohne dogmatische Einschränkungen zu denken.

Wenn Sie den Kreis weiter ziehen möchten, also eine professionelle Begleitung in Betracht ziehen, finden Sie unter «Auszeit M» eine Liste mit Qualitätskriterien. Nehmen Sie diese zur Hand, um die passende Wahl zu treffen.[25]

---

[25] Ausführlicher dazu: Seite 134 ff.

IV. Die Auszeit Rustiko – Ruhe, Stille, Konzentration

«Beruhige den Atem – und du beruhigst den Geist.»

Zen

Zeitbedarf: 3 Tage bis 2 Wochen, auch länger möglich[26]

Diese Art der Auszeit bietet Raum, um ...

- sich zu erholen und zu regenerieren (nach einer längeren Phase intensiver Belastung),
- zu einer konzentrierten Existenz (zurück) zu finden,
- sich persönlich neu zu orientieren oder eine Selbstklärung anzugehen.

In diesem Kapitel finden Sie Antwort auf folgende Fragen:

- Wie wirkt Meditation auf Körper und Bewusstsein?
- Welche Art von Meditation eignet sich für eine Auszeit L?
- Was sagt ein Zen-Meister über Meditation und Management (Interview)?
- Wie gestaltet sich ein Tagesablauf in der Meditation?
- Ist Meditation etwas für mich (Selbsttest)?
- Wo finde ich geeignete Meditationsangebote?
- Was sagt die Forschung zu Meditation?

---

[26] Der genannte Zeitkorridor hat sich für diese Art der Auszeit als sinnvoll und praktikabel erwiesen.

89

Ein Beispiel

Herr Georgi war die letzten drei Jahre beruflich stark einge-
spannt (zeitlich, kräftemäßig). Für seine Firma baute er eine
Zweigstelle in einem EU-Beitrittsland auf. Jetzt sucht er nach
einer Möglichkeit, auszuspannen, zur Ruhe zu kommen. Ausdauersport und eine Stunde Yoga pro Woche haben nicht den
erwünschten Erfolg gebracht. Nach dem Gespräch mit einem
ihm nahe stehenden Kollegen versucht er es mit einem Meditationsaufenthalt.

IV.1   Meditation: Die Entdeckung der Schlichtheit

Die Meditation ist eine besondere Art von Auszeit. Sie wird zunehmend von Berufstätigen entdeckt, die im Alltag hoch belastet und beansprucht sind. Fernöstlich inspirierte Meditati-
onspraktiken (wie Yoga, Zen, Tai Chi oder Qigong) ziehen
mittlerweile immer mehr Menschen an.

Einem unvoreingenommenen Beobachter entsteht vielleicht
der Eindruck, dass, gemessen am regen Zuspruch zu Wochen-
endseminaren, Meditationskreisen und Workshops, dort etwas
Spektakuläres geboten wird. Aber die Botschaft, welche die Re-
ferentinnen und Lehrer vermitteln, setzt sich mit beinahe an-
stößiger Schlichtheit über diesen Verdacht hinweg. Ruhe, Stille,
Konzentration, Dasein im Hier und Jetzt: Darum geht es, das
wird geübt. Mehrere Stunden am Tag, mehrere Tage lang, ein
bis zwei Wochen – oder auch länger.

Befragt man allerdings die Kursteilnehmer, zeigt sich, dass
zunächst unauffällige Begriffe wie «Ruhe», «Stille» und «Konzentration» in nur wenigen Tagen eine außerordentliche Bedeutung erlangen. Dort, wo (von außen betrachtet) scheinbar
nichts geschieht, entfaltet sich eine innere Dynamik, welche
keiner externen Anreize bedarf. Momente der Zentrierung, Gelassenheit und Wachheit stellen sich ein und wirken anregend
auf die ganze Person.

IV.2 «And the winner is ...»

Die Fülle an Meditationsformen, die sich dem Betrachter zeigt, stellt auch für dieses Buch eine Herausforderung dar. Aus Platzgründen kann dieses Kapitel keinen vollständigen Überblick geben. Allerdings soll es einen informativen Eindruck vermitteln. Zu diesem Zweck wird eine Meditationsform exemplarisch vorgestellt. Diese hat sich in der Praxis als sehr gut geeignet erwiesen. Andere Formen werden, wo sich das anbietet, mit einem kurzen Seitenblick bedacht.

In die engere Auswahl für eine detaillierte Vorstellung kamen Meditationsformen, die erfolgreich auf ihre Wirkungsweise hin erforscht werden. Das gilt speziell für die Zen-Meditation sowie das Yoga; wobei sich speziell die Zen-Meditation für unsere Zwecke anbietet. Diese Disziplin stellt eine «anstrengungsfreie» Meditation dar, setzt also keinen speziellen Fitnessgrad voraus (wenn man vom etwas längeren Sitzen absieht). Zudem gilt es als gesichert, dass sie eine ausgeprägte Tiefenentspannung ermöglicht.

Das sagt die Forschung über Zen-Meditation[27]

- Es tritt eine ausgeprägte physiologische Entspannungsreaktion ein.
- Gefühlsleben und Geist erfahren eine tief greifende Beruhigung.
- Medizinisch wirkt Meditation günstig vor allem bei Stress, hohem Blutdruck und Angst.

Zieht man die Effekte in Betracht, welche nachgewiesen wurden, so ist laut einer Studie von Klaus Grawe

---

[27] Ausführlich dazu: Ulrich Ott, Meditation. In: Vaitl/Petermann, Entspannungsverfahren, S.177 ff.

(Thema: die Wirksamkeit von Psychotherapien) nicht nachvollziehbar, warum Meditation nicht viel stärker verbreitet ist im deutschsprachigen Raum.

Für die Auswahl eines Beispiels war es uns wichtig, eine möglichst ideologiearme Meditationsform zu finden. Gerade die Zen-Tradition hält sich von missionarischem Eifer oder aufdringlichen Überzeugungsattacken fern, sieht man von individuellen Entgleisungen ab. Obwohl auch Zen bestimmte Formen und Förmlichkeiten mit sich bringt, kann es auf Dogmen und Verordnungen weitgehend verzichten.

In seiner «reinen Form» steht Zen tatsächlich für die umfassende Auflösung sämtlicher religiöser Begrifflichkeiten und Glaubensformeln. Auch a-religiös eingestellte Menschen fühlen sich dort gut aufgehoben.

Last but not least: Die Zen-Meditation hat in den vergangenen zehn Jahren eine so starke Verbreitung gefunden, dass Interessierte es mittlerweile leicht haben, ein attraktives Angebot in ihrer Nähe auszumachen. Die Bandbreite ist groß: von traditionell orientierten, relativ strengen Zen-Formen bis hin zu Gruppen, welche den äußeren Rahmen des Zen lediglich nutzen, um den Kern, die Meditation selbst, zu transportieren.

IV.3 Risiken und Nebenwirkungen

«Stets findet Überraschung statt, da, wo
man's nicht erwartet hat.»

Wilhelm Busch

Vor allem bei intensiven Meditationskursen, die sich über mehrere Tage erstrecken, lässt sich nicht exakt vorhersagen, was ein
Teilnehmer oder eine Teilnehmerin genau erlebt.

Klärung und Klarheit

Nehmen Sie an, Sie wünschen sich eine Zeit, in der Sie intensiv
«abschalten» können. Sie buchen einen mehrtägigen Meditati-
onskurs an einem ruhigen Ort, zum Beispiel in einem Kloster.
Nun werden Sie sich zwar (wenn Ihnen diese Übungsform eini-
germaßen liegt) in einem deutlich spürbaren Maß entspannen
und erholen; vermutlich werden Sie auch eine erhöhte Kon-
zentrationsleistung bemerken. Aber möglicherweise sehen Sie
sich auch unvermittelt und ohne Absicht in einen Prozess der
Selbstklärung gestellt.

Die konzentrative Stille bringt zuweilen Probleme und
Konflikte an die Oberfläche, die auf Bearbeitung drängen. Ohnehin anstehende Orientierungs- und Findungsprozesse werden
forciert. Stellen Sie sich auf diese Eventualität ein; sofern Sie
diesen Effekt nicht von vorneherein beabsichtigen.

Ungewohnte Erfahrungen

Mitunter machen Menschen, die meditieren, auch spezielle
Grenzerfahrungen. Meist werden diese als ein unverhofftes Ge-
schenk erlebt. Ungewohnte Erlebnisse und Bewusstseinszustände können jedoch auch verwirrend sein, gerade weil sie sich
nicht in die üblichen Erfahrungskategorien des Alltags einord-
nen lassen. Psychisch labile oder psychisch kranke Menschen

sollten deshalb auf diese intensive Art der Meditation verzichten bzw. sich vorher fachlichen Rat einholen (Psychiater, Psychotherapeutin).

An dieser Stelle verlassen wir die analytische Perspektive und wenden uns der Praxis zu. Die Meditation ist im Kern Erfahrungssache. Erfahrungen lassen sich auf dem Weg der Analyse nur unzureichend abbilden. Der folgende Abschnitt gewährt einen (subjektiv gefärbten) Blick in den Meditationsaufenthalt einer Journalistin.

IV.4 Tagebuch: Ein Tag in der Meditation L

Sieben Uhr aufstehen. Obwohl ich keine Frühaufsteherin bin, fällt es mir relativ leicht, aus dem Bett zu kommen. Trotz oder vielleicht gerade wegen der vielen Stunden Meditation – im Sitzen, Gehen und Rezitieren – fühle ich mich fit und wach.

Wir treffen uns am «Zendo»: So nennt man im Zen den Meditationsraum. Es ist ein schlichter Raum, mit einem Stein in der Mitte und quadratmetergroßen Kissen drum herum, die jedes für sich einen Sitzplatz markieren.

Gesprochen wird wenig, ein freundliches Nicken zur Begrüßung reicht aus. Aber genau das habe ich gebucht: Ruhe und Stille, die von keiner Konvention unterbrochen wird. Die erste Meditationseinheit dauert eineinhalb Stunden. Sie besteht aus einem Wechsel von Gehen und Sitzen. Ich sitze mit geradem Rücken auf meinem Kissen. Beschäftige mich damit, mich mit nichts zu beschäftigen außer dem einen: meinem Atem. In allen Variationen der Zen-Übungen geht es darum, den Atem wahrzunehmen, ihn mit aller verfügbaren Aufmerksamkeit zu verfolgen. Ausatmen, einatmen, ausatmen, einatmen. Beobachten, wie der Atem kommt und geht, wie er den Körper füllt, kurz anhält und den Körper wieder verlässt. Stilles Zählen hilft, um sich besser zu konzentrieren, hat uns die Leiterin nahegelegt. Einatmen ... ausatmen («eins») – einatmen ... ausatmen («zwei») – einatmen … ausatmen («drei») … Bis zehn und dann wieder von vorne. Das hilft tatsächlich! Die Gedanken schweifen nicht so stark ab. Sie scheinen sich mit dieser Minimalbeschäftigung zu begnügen, lassen mir meine Konzentration.

Zehn Minuten später. Obwohl ich mit der Hingabe einer fleißigen Grundschülerin meine Atemzüge zähle, ertappe ich mich, wie ich in Gedanken ein neues Reportageprojekt weiterführe, das mich in den letzten Wochen beschäftigt hat. Also zurück zum Atem … einatmen – «eins», einatmen – «zwei» …

Nach etwa fünfzehn Minuten im Sitzen breitet sich eine angenehme innere Ruhe aus. Der ganze Körper scheint im Atemrhythmus zu schwingen, scheint von ihm gefangen zu sein und nur noch Stille zu atmen. Ferne Gedanken und ungerufene Geräusche klopfen kurz an, bleiben aber nicht lange genug, um zu stören. Der Körper verharrt in einer angenehmen Ruhe, während der Geist ganz wach und aufmerksam ist.

Als der leise Gong ertönt und signalisiert, dass die 20 Minuten vorüber sind, fühle ich mich ein wenig gestört. Wie zu Hause, beim Aufwachen, denke ich: «Ein paar Minuten noch …»

Das ist ein seltsamer Wunsch, wenn ich überlege, dass ich mir zu Beginn meiner ersten Meditationswoche vor knapp drei Jahren in einer Mischung aus Neugier und Vorbehalten kaum vorstellen konnte, dass so viel Stille für vitale Stadtmenschen überhaupt zu ertragen sei. Sicherheitshalber hatte ich mir damals Laptop und Handy an diesen stillen Ort mitgebracht – als eine Art Unterhaltungsreserve. Benutzt habe ich keines der Geräte!

Frühstück: alleine und aus dem gut gefüllten Kühlschrank in meiner 35 Quadratmeter großen Klause. Ein sehr einfaches, aber massives, neu erbautes Häuschen mit Holzofen und offener Galerie. Davon stehen insgesamt fünf Stück locker verstreut auf der Eifelwiese, eine Rufweite vom jeweiligen Nachbarhäuschen entfernt.

Nach dem Frühstück geht es für eine Stunde an die Arbeit. Anders als im Redaktionsalltag ist es nicht das Ziel, möglichst rasch fertig zu werden (hier: mit der Gartenarbeit). Wieder geht es allein um den Atem. Und wieder ist da die Aufgabe, den eigenen Rhythmus aus Bewegen und Atmen zu finden, ihm nachzuspüren.

Es folgt ein weiterer Meditationsabschnitt aus Sitzen und einer Meditation im Gehen. Dann das Mittagessen, jeder für sich.

Die Zeit danach ist zur freien Verfügung: Entweder meditieren oder, wie ich es momentan vorziehe, einfach ausruhen und sich seinen Gedanken überlassen.

Transzendentale Meditation (TM) in der Kritik

TM ist im Westen ebenfalls eine verbreitete und populäre Form der Meditation. Der Begründer der TM, Maharishi, wurde bekannt als Guru der Beatles und durch seine missionarischen Auftritte in der Öffentlichkeit. Inzwischen ist TM eine eingetragene Handelsmarke mit einer eigenen Hochschule in den USA sowie einem eigenen TV-Kanal. In Deutschland ist die Bewegung als Naturgesetzpartei angetreten – mit dem außerordentlichen Anspruch ausgestattet, den Weltfrieden zu bringen. Kritische Beobachter verweisen auf überzogene Ideen bis zu Tendenzen der Selbsttäuschung. Sie raten Menschen, die sich für Transzendentale Meditation interessieren, sich einen von der Bewegung unabhängigen, freien TM-Lehrer zu wählen.[28]

---

[28] Vergleiche dazu: Ulrich Ott, Meditation. In: Vaitl/Petermann, Entspannungsverfahren, Seite 177 ff.

Noch vor dem Abendessen suche ich das Gespräch mit einer der Leiterinnen. Solche Gespräche bilden eine wertvolle Ergänzung zum Meditationsaufenthalt. Die Möglichkeit dazu wird von den Teilnehmenden gerne wahrgenommen. Die Stille scheint nicht nur allerlei Vernachlässigbares anzuziehen, sondern auch wichtige persönliche Themen, die in der Vergangenheit zu kurz gekommen sind. Aufgrund des fehlenden Geräuschpegels fallen diese in der Meditation laut wie Tropfen in einen Blecheimer.

Hier hilft ein klärendes Gespräch mit einer in Meditation erfahrenen Person; um Problemen auf die Spur zu kommen, Verworrenes aufzuklären oder verschobene Dinge wieder gerade zu rücken. Meditieren – so harmlos es sich dem Betrachter darstellt – kann ein mächtiges Veränderungsinstrument sein. Das Wort «Selbstfindung» ist ausgetreten und abgenutzt; aber als ich vor drei Jahren zum ersten Mal eine Woche zur Meditation kam, war mir auf dem Heimweg klar, dass sich in meinem Umfeld Gravierendes ändern musste. Die Zweifel, die ich bezüglich meiner damaligen Partnerschaft hegte, wichen einer plötzlichen Klarheit. Ich wusste mit einem Mal, was zu tun war.

Es folgt das Abendessen in der Stille. Meditationsblock Nummer drei schließt sich eine halbe Stunde später an.

20.30: Ich genieße die freie Sicht auf das Feuer, welches hinter der Glasscheibe lodert; lese noch ein wenig in einer Fachzeitschrift, die ich mir mitgebracht habe. Aber die Worte und Sätze dieser von mir sonst so geliebten Informationsquelle, sie gehen mir schnell auf die Nerven; weil sie die wohltuende Ruhe bedrohen. Zu aufdringlich fordern sie meine Präsenz (welche im Moment anderem gilt).

Bin ich nach drei Tagen bereits untauglich für die Welt außerhalb der Eifel-Idylle? Exakt dieser Gedanke stieg in mir auf, vor zwei Jahren, an derselben Stelle! Die Befürchtung wich einer beruhigenden Erfahrung. Nach einer kurzen Übergangszeit, in der ich mich vor allzu vielen Eindrücken der aktiven Welt «da draußen» in Acht nehme, kehre ich jedes Mal klarer, konzentrierter und bewusster in meinen Alltag zurück. Außerdem scheint es, als würde mich die Stille stets mit einer Art «innerem Kompass» ausstatten. Einem Sensorium, das halbwegs deutlich anzeigt, was mir gut tut und was nicht. Ob dieser Kompass immer in die richtige Richtung zeigt – ich weiß es nicht. Aber ich habe mir angewöhnt, ihn in meine Gedanken und Überlegungen einzubeziehen.

Ich beschließe diesen dritten Tag mit einem zügigen Lauf durch den Wald. Es ist, als liefe ich durch frisch gefallenen Schnee, so intensiv sind die Eindrücke und Geräusche, die ich wahrnehme. Während ich noch mit ein paar Übungen den Körper dehne, höre ich den Insekten zu, wie sie die nächtliche Wiese beleben. Und freue mich, dass ich noch vier Tage Zeit habe, die erfrischende Stille zu genießen.

IV.5 Experteninterview: Ein Zen-Meister gibt Auskunft

Was eigentlich ist so attraktiv an fernöstlicher Zen-Meditation? Diese Frage stellen wir einem einflussreichen Vertreter des europäischen Zen, dem Benediktinerpater Willigis Jäger (Würzburg). Jäger trug entscheidend bei zur Verbreitung dieser Meditationsform in Deutschland. Er hat sechs Jahre in Japan gelebt und dort an der Quelle des Zen studiert und gelernt. Seit 1996 ist er beauftragter Lehrer einer bekannten japanischen Zen-Schule.[29]

Herr Jäger, Sie leiten während des ganzen Jahres Schulungen und Seminare zum Thema Zen – unter anderem auch für Manager. Weshalb kommen die Menschen zu Ihnen?
Meistens geht es darum, die wachsenden Belastungen im Alltag zu bewältigen. Manche der Menschen, die zu uns kommen,

---

[29] Jäger ist beauftragter Zenmeister der Sanbo-Kyodan-Linie, Kamakura (Japan).

sind am Rande ihrer Belastbarkeit angekommen, andere sind aufgeschreckt worden durch einen Herzinfarkt oder die belastungsbedingte psychische Erkrankung eines Kollegen. Die Überforderungserscheinungen, gerade im Bereich des Managements, sind auffällig. Entsprechend groß ist das Bedürfnis nach Hilfe.

Wie lange bleiben Ihre Auszeitgäste aus dem Management?
Einige bleiben ein paar Tage, andere ein paar Wochen oder Monate, Einzelne sogar ein ganzes Jahr. Sie können bei uns einen speziellen mehrtägigen Kurs besuchen, der sich an Manager richtet. Sie können auch als Langzeitgast an unserem ständigen Tagesprogramm teilnehmen.

Was tun Sie mit den Menschen, die zu Ihnen kommen?
Wir führen sie in die Ruhe. Das fällt einigen am Anfang eher schwer. Aber die Stille hat eine starke und heilsame Wirkung auf den Menschen.

Wie schaffen Sie es, die Menschen in die Ruhe zu führen? Schließlich kommen Ihre Gäste meist aus einer mit Reizen dicht gefüllten Lebenswelt.
Wir helfen ihnen, die Aktivität ihres Ich-Bewußtseins zu verlangsamen und zu stoppen.

Was genau bedeutet das?
Das Ich, also unser Bewußtsein, sorgt dafür, dass wir ständig – man sagt, etwa alle drei Sekunden – von einem Eindruck zum nächsten springen. Um diese rasende Fahrt zu stoppen, muss der Mensch einen Fokus finden, auf den er sich konzentrieren kann. Das kann der eigene Atem sein, ein bestimmter Laut, ein Merksatz oder auch der Rhythmus der eigenen Schritte beim Gehen.

Wie sieht dann so ein Tagesablauf mit Zen-Übungen aus?

Das kommt darauf an, wie geübt der Mensch ist, der zu uns kommt. 25 Minuten Meditation im Sitzen wechselt ab mit Bewegung und Meditation im Gehen. Wir achten darauf, dass jeder Einzelne erhält, was er in seiner speziellen Situation braucht. Viele Menschen nutzen während des Tages auch die Gelegenheit, ins Gespräch zu kommen: über das, was sie erleben, wenn sie meditieren. Dazu kommt schließlich jeden Tag noch eine Stunde Arbeit.

Da zücken die Manager dann Handy und Laptop?

Nein. Sie verrichten eine Arbeit, mit der sie im richtigen Leben gerade nichts zu tun haben. Wir verstehen diese Arbeit als eine heilsame Übung: Es geht nicht darum, etwas möglichst schnell zu erledigen. Wir ermutigen dazu, in jedem Augenblick – z.B. mit der Schaufel in der Hand – da zu sein: präsent zu sein in dem, was gerade ansteht (statt in Gedanken schon wieder ein anderes Thema zu bearbeiten).

Das klingt recht ungewohnt ...

Das ist es für manchen Teilnehmer auch. Aber die meisten finden schnell in ihren Rhythmus und gewöhnen sich an einen Ablauf, der ihnen außerordentlich gut tut.

Muss man denn ein spezielles Zen-Seminar besuchen? Braucht man einen Lehrer, um diese Übungen durchzuführen?

Nein, nicht unbedingt! Aber die Erfahrung zeigt, dass es ohne äußere Hilfe und Begleitung schwerer fällt, sich zu disziplinieren: sich hinzusetzen und ruhig zu werden. Ein weiterer Vorteil der Begleitung besteht darin, dass ein erfahrener Ansprechpartner verfügbar ist: Wenn in der Stille Gedanken hochkommen, die besprochen werden wollen.

Es gibt Menschen, die von Zen-Seminaren sehr schmerzhafte Erfahrungen mitbringen. In unbequemen Sitzhaltungen werden sie ermutigt, den Körper zu ignorieren, über die Schmerzgrenze hinaus auszuhalten.

Das ist das Zen der japanischen Samurai-Tradition. Mit dem eigentlichen Anliegen des Zen hat das aber nichts zu tun. Wir dagegen lehren die Leute eine Art des Zen, welche von dieser kulturellen Verfärbung frei ist. Wir achten zudem genau darauf, wem welche Übung gut tut oder auch nicht.

Wie erleben die Menschen, die aus einem Ihrer Seminare kommen, die Rückkehr in den Alltag?

Das ist ganz unterschiedlich. Was den meisten gemeinsam ist, bezeichnen wir als «die Präsenz im Augenblick»: eine intensives Dasein in dem, was gerade Sache ist. Das heißt, wenn ich esse, dann esse ich, wenn ich laufe, dann laufe ich, wenn ich liebe, dann liebe ich … Das ist übrigens auch das, was in einer berühmten Erzählung aus der Zen-Tradition ein Meister seinem Schüler antwortet; auf die Frage, was denn den Meister von ihm, dem Schüler, unterscheide.

Manche Menschen halten Zen für eine Art Erleuchtungstechnik. Wie stehen Sie dazu?

Wir bieten kein Fertig-Produkt an, das die Menschen in abgezählten Schritten zur Erleuchtung bringt. Wir helfen weiter auf einem Weg, der ein volleres Menschsein ermöglicht. Allerdings kann es auf diesem Weg auch geschehen, dass Menschen außergewöhnliche Erfahrungen machen, welche sie in ihrem weiteren Leben begleiten.

Wann würden Sie von einer ausgedehnten Meditation abraten?

Abraten würden wir Menschen, die therapeutisch behandlungsbedürftig sind. Ein Indiz für eine solche Verfassung kann sein, wenn sich jemand hinsetzt, die Augen schließt – und sofort ist ein bestimmtes Problem da, welches nicht mehr verschwinden will: der Ärger mit dem Chef, unangenehme Erlebnisse aus der Vergangenheit, Ehe- oder Partnerschaftskonflikte.

Ist Zen nur etwas für religiöse Menschen?
Nein. Die Tradition des Zen ist offen für alle, die zur Ruhe und zu sich selbst kommen wollen. Vor kurzem habe ich einen Vortrag in Dresden gehalten. Achtzig Prozent der dort anwesenden Menschen waren ungetauft oder aus der Kirche ausgetreten.

Wenn ich Sie jetzt nach einem Beispiel frage für einen Manager, den Sie bei seiner Meditation begleitet haben, steht Ihnen dann ein bestimmter Gast vor Augen?
Ja. Ich denke da an eine Führungskraft aus der Finanzbranche. Er kam hier an und war völlig am Ende mit seiner Kraft. Durch die intensiven Meditationen erholte er sich langsam und konnte nach einigen Wochen wieder zurück in den Alltag, um dort erholt seine Arbeit zu tun.

IV.6   Der Selbsttest

«Niemand weiß, was er kann,
bevor er es probiert hat.»

Publilius Syrus

Sie wissen nicht, ob diese Art der Meditation oder das Meditieren überhaupt etwas für Sie ist? Dann laden wir Sie zu folgendem Selbsttest ein.

Suchen Sie sich ein ruhiges Plätzchen, wo Sie für die nächsten zehn Minuten ungestört sind.

Nehmen Sie Platz auf einem Stuhl mit einer festen Rücken-
lehne. Achten Sie darauf, dass Ihre Füße mit der ganzen Fuß-
sohle Kontakt zum Boden haben.

Legen Sie Ihre Armbanduhr in Sichtweite und schließen Sie
die Augen. Vielleicht befürchten Sie, dass Sie einschlafen. Das
können Sie verhindern, indem Sie die Augen nur halb schließen. Dominiert das Schlafbedürfnis trotzdem noch, suchen Sie
sich eine bequeme Sitzfläche. Vermeiden Sie es aber, sich anzu-
lehnen. Richten Sie nach Möglichkeit das Becken auf und halten Sie sich gerade (sonst können Rückenbeschwerden auftreten).

Haben Sie die Augen geschlossen, beginnt die Fokussie-
rungs-Arbeit: Gehen Sie Ihren Körper von unten nach oben
durch, indem Sie langsam ihre Wahrnehmung wandern lassen
– von den Füssen über die Beine, in den Bauch und die Brust,
in die Arme, den Nacken und den Kopf. Wie fühlen sich die
einzelnen Körperregionen an? Sind sie warm oder kühl, ent-
spannt oder angespannt? Nachdem Sie auf diese Weise in ein
bis zwei Minuten durch den Körper flaniert sind, konzentrieren
Sie sich jetzt auf Ihren Atem.

Sie spüren, wie er in Ihren Körper kommt und ihn wieder
verlässt. Gedanken kommen und gehen auch wieder. Versuchen
Sie nicht, diese abzuwehren, aber gehen Sie ihnen auch nicht
nach.

Nachdem Sie sich für ein bis zwei Minuten einfach nur auf
Ihren Atem konzentriert haben, beginnen Sie nun Ihre Atemzüge zu zählen. Das erhöht die Chance, dass Sie auch beim
Thema, eben dem Atem, bleiben. Atmen Sie ein … und zählen
Sie «eins», während Sie ausatmen – atmen Sie ein … «zwei»
(während Sie ausatmen) … Zählen Sie weiter, bis Sie bei zehn
angekommen sind, und fangen Sie dann wieder bei eins an.
Wenn Sie bis zwölf oder dreizehn zählen, dann bedeutet das,
dass Ihre Konzentration nachgelassen hat. Beginnen Sie wieder
bei eins.

Nach zehn Minuten öffnen Sie die Augen. Stehen Sie auf, um sich zu strecken und zu dehnen.

Machen Sie es sich leicht

Nachfolgend finden Sie einige Hinweise, um sich die Meditation zu erleichtern.

- **Erstens:** Sagt Ihnen diese Art der Meditation zu und wollen Sie diese für sich fortführen, macht es Sinn, sich jeden Tag eine feste Zeit zu reservieren. Eine feste «Taktung» verhindert, dass Alltagserfordernisse die Meditation so lange «über den Tisch schieben», bis sie schließlich hintenrunterfällt. Üben Sie zu Beginn nicht mehr als 15 Minuten am Tag. Wenn Sie merken, dass Ihnen das zu viel wird, meditieren Sie eben nur jeden zweiten oder dritten Tag. Später können Sie die Einheiten auf 20 bis 25 Minuten ausdehnen.

- **Zweitens:** Es ist gut möglich, dass Ihr Bewusstsein während der kurzen Meditationsphasen Unerledigtes an die Oberfläche bringt, wie zum Beispiel: «Mit Frau Kasir muss ich noch den Termin X absprechen.» Versuchen Sie diese «Meldungen» ebenso vorüberziehen zu lassen, wie Sie das mit anderen Gedanken tun. Fällt Ihnen das schwer, dann legen Sie sich Stift und Notizzettel bereit, um die Gedanken rasch zu notieren.

- **Drittens:** Wenn Sie sich gestört fühlen von der Verpflichtung, die Uhr im Auge zu behalten (aber auch nicht gerne vom eindringlichen Ton eines Weckers aufgeschreckt werden wollen), können Sie sich einen kleinen Wecker besorgen, der Sie per Blinklicht weckt. Weitere Alternative: eine Uhr, welche den Signalvorgang mit leisen Tönen startet und sich langsam steigert.

IV.7 Über Spreu und Weizen

Wer sich mit Zen beschäftigt, begegnet auch dem einen oder anderen «Meister». Das Wort «Meister» mag befremdlich klingen. Doch diese Bezeichnung ist in der Meditationsbranche keinesfalls Ausweis eines strukturell erzwungenen Machtgefälles minderer Qualität. «Meister» steht für ein herausgehobenes Atribut der Könnerschaft und bezeichnet jene, die im Zen – oder anderen Meditationsformen – einen erfahrungsreichen und reflektierten Weg zurückgelegt haben. Dies sowie die Bereitschaft, Interessierte anzuleiten, qualifiziert diese Personen, andere auf ihrer Meditationsreise zu begleiten.

Allerdings können einzelne Schulen des Zen (obwohl unter einem gemeinsamen Namen versammelt) stark unterschiedliche Ausprägungen aufweisen. Diese schlagen auch auf die Rolle des Meisters durch. Nachfolgend finden Sie einige praxisorientierte Hinweise, die es Ihnen leichter machen, die Spreu vom Weizen zu trennen.

Nicht überall, wo «Meister» draufsteht, ist auch ein echter Meister drin

Wenn Sie ein Seminar besuchen oder sich zu einer Gruppe gesellen, um Zen zu «schnuppern», dann achten Sie darauf, wie sich die Stellung des Leiters in der Gruppe beschreiben lässt. Treffen Sie auf jemanden, der sich aufgrund seiner strukturellen Autorität («Meister») in den Vordergrund stellt oder sich mit seinen herausragenden Meditationserfahrungen profiliert, sollten Sie dort keine Zeit verschwenden. Auch im Zen gilt das hebräische Wort von den «guten Früchten», an deren Beschaffenheit die Qualität des Baumes zu erkennen ist.[30]

Weiter: Finden sich in der Umgebung des Meditationsleiters auffällig viele Menschen, die bemüht sind, ihrem Vorbild in zwanghaftem Gehorsam nachzueifern? Oder stellen Sie fest,

[30] Quelle: Neues Testament, Lk. 6, 43–46.

105

dass Sie bei jeder Gelegenheit missioniert und zu irgendwelchen besonderen (auch sozialen) Engagements gedrängt werden? In diesen Fällen sollten Sie sich nach einer offener gestimmten Alternative umsehen.

Allerdings gilt: Auswüchse der genannten Art sind nicht die Regel. Sie bilden eher eine Ausnahme, auf die der Interessierte aber gefasst sein sollte.

Der «Innere Meister»

Können aufgeklärte Menschen nicht eigenständig eine meditative Auszeit planen und durchführen? Schließlich: Was sollte einen psychisch halbwegs intakten Menschen davon abhalten, sich ein ruhiges Plätzchen an einem verträumten Ort zu suchen; um durchzuführen, wozu man sonst einen Leiter samt Gruppe benötigt?

Viele Meditationslehrer, darunter auch Willigis Jäger (vergleiche das Interview Seite 98 ff.), sind davon überzeugt, dass der Mensch auch ganz allein, für sich selbst, seine Möglichkeiten ausloten kann – und zuverlässig herausfindet, was ihm persönlich gut tut. Die traditionelle Überzeugung im Zen lautet, dass jeder Meditierende eine Art Inneren Meister hat, welcher ihm den angemessenen Weg zeigt. Allerdings legt die Erfahrung nahe, dass es nicht einfach ist, im Alleingang, ohne die Hilfe einer äußeren Struktur, diszipliniert dabeizubleiben. Selbst die kräftigsten Vorsätze scheinen manchmal nicht auszureichen, um das zu tun, was man sich eigentlich vorgenommen hat: intensiv zu meditieren. So wird der Besuch einer angeleiteten Gruppe besonders wegen ihrer ermutigenden Qualität empfohlen. Dort bildet sich – für eine begrenzte Zeit – eine Erfahrungsgemeinschaft, die einen Rahmen vorgibt. Dieser erleichtert es dem Einzelnen, mit Disziplin bei der Sache zu bleiben.

IV.8 Vieles ist möglich

Sie können in der vielfältigen Zen-Landschaft unterschiedlichen
«Härtegraden» begegnen, was die Ausführung der Übungen angeht. Japanisch inspirierter Zen zeigt oft die Merkmale einer für
uns Europäer unangenehmen «Rücksichtsfreiheit» gegen sich
selbst und die eigene Gesundheit. Diese spezielle Tradition er-
klärt schmerzhafte Empfindungen, die durch das ausgedehnte
Sitzen in ungewohnter Haltung entstehen können, zu einem
normalen oder sogar begehrten Begleiter auf dem Weg zur Erleuchtung. Diese Haltung, ebenso wie bestimmte rigide Klei-
dungsvorschriften, hat nichts mit dem Kern des Zen zu tun,
sondern ist von der so genannten Samurai-Tradition (oder anderen kulturellen Fremdformaten) inspiriert.

Für eine Auszeit empfiehlt sich jene Art von Zen, die zwar
Rücksicht auf Traditionen nimmt (insofern, als dass jeder Inhalt ein Minimum an Form benötigt), dabei aber die Bedürfnisse und Voraussetzungen des Zen-Interessierten zu integrieren
weiß. Ohnehin scheint die gezielte Ignoranz gegenüber unangenehmen Empfindungen des eigenen Körpers keinerlei Vorteil
zu verschaffen; außer vielleicht dem gefestigten Bewußtsein,
leidensfähig zu sein.

Wie finde ich einen passenden Meditationskurs?

Der Hinweis, sich eine Gruppe anzusehen und dann erst zu
entscheiden, ist hilfreich, wenn Sie in Ihrer Nähe auf eine bestimmte Gruppe oder Institution zugreifen können. Müssen Sie
für Ihre Meditation einen weiteren Weg zurücklegen, kommt es
einem Wagnis gleich, sich erst vor Ort ein Bild zu machen. Für
diesen Fall sind im Anhang einige Adressen zusammengestellt.
Dort finden Sie einerseits regionale Meditationsgruppen, welche sich wöchentlich (oder mehrmals in der Woche) treffen.
Andererseits sind auch Meditationszentren aufgeführt, die
mehrtägige Aufenthalte anbieten.

Anmerkung: Obwohl der Autor von der Qualität der dort angebotenen Leistungen überzeugt ist, kann er keinerlei Garantie für die Empfehlungen übernehmen.

IV.9 Weitere Formen der Meditation

Sie sind an weiteren Formen der Meditation interessiert? Aus Platzgründen hat sich die Darstellung bislang auf die Zen-Meditation beschränkt. Nachstehend finden Sie vier alternative Arten von Meditation sowie Hinweise dazu, was Sie unter den jeweiligen «Markennamen» zu erwarten haben.

Yoga[31]

Das Yoga ist eine Philosophie indischen Ursprungs, welche im Westen häufig als «anspruchsvolle Gymnastik» wahrgenommen wird. Diese Karikatur wird weder dem Anspruch noch der Wirklichkeit der Yoga-Lehre gerecht. Zielt sie doch auf das Wohlbefinden der gesamten Existenz.

Während Yoga-Sitzungen wechseln kräftigende und belebende Körperübungen ab mit meditativen Elementen. Yoga eignet sich für Menschen, denen ausdauerndes Sitzen eher schwer fällt, die aber auf Meditation nicht verzichten möchten.

Da es zahlreiche unterschiedliche Yoga-Formen gibt, lohnt es sich, vor der Teilnahme an einem Kurs zu erfragen, wie eine Stunde abläuft, zum Beispiel hinsichtlich des Verhältnisses von Körperübungen zu Meditation.

Tipp: Yoga und andere östliche Übungsformen verhalten sich nicht gleichgültig gegenüber der Weltanschauung, in welcher sie wurzeln. Mehr oder weniger intensiv transportieren diese Meditationsformen Gedankengut, das uns fremd oder sogar irritierend erscheint.

---

[31] Ausführlich: Anna Trökes, Das große Yogabuch.

Zum genussvollen Meditations-Schnuppern ist eine gewisse Bereitschaft nötig, sich nicht an Begriffen zu stoßen; etwa an Termini wie «Schakra» oder «feinstoffliche Energie». Diese Ausdrücke wurzeln in einer uns fremden Vorstellungswelt, die sich dem Westeuropäer in der Regel nicht durch den Intellekt erschließt – allenfalls durch Erfahrung.

Tai Chi[32]

Diese Form der Meditation baut auf Bewegungsübungen auf. Genau definierte Bewegungsformen werden langsam und fließend ausgeführt. Der (notwendige) Tai-Chi-Lehrer gibt in der Regel aus einem Portfolio von mehreren Dutzend Bewegungen die entsprechende Übung vor. Eine Übungseinheit, in lockerer Kleidung durchgeführt, dauert zwischen 5 und 30 Minuten. Wenn Ihnen längeres Stehen, wie im Tai Chi häufig, nicht möglich sein sollte, können Sie auf Übungen ausweichen, welche im Sitzen oder Liegen durchgeführt werden.

Tipp: Manchem fällt es, wie oben angesprochen, nicht leicht, über längere Zeit still zu sitzen und inaktiv zu bleiben – wie das im Zen notwendig ist. Gehören Sie aber zu derjenigen Gruppe von Menschen, die sich unter gar keinen Umständen vorstellen können, für einen längeren Zeitraum ruhig zu sitzen, dann finden Sie im Tai Chi eine attraktive Alternative.

Kontemplation[33]

Diese Meditationsform hat sich in den letzten Jahren (im Rahmen der christlichen Kirchen) im deutschsprachigen Raum verbreitet. Ihr Ursprung liegt in der so genannten «mystischen» Tradition und dort vermutlich in den historischen Anfängen der christlichen Kirchen. Meditiert wird im Sitzen. Auch sonst zeigt sich diese Meditationsform dem Zen stark verwandt.

---

[32] Ausführlich: Thomas Methfessel, Tai Chi für Anfänger.
[33] Ausführlich: Willigis Jäger, Kontemplation.

Tipp: Wenn Sie sich für diese Art der Meditation interessieren, ist es günstig, wenn Sie christliches Gedankengut zumindest akzeptieren können. Obwohl Sie keinesfalls von gewissen Glaubenssätzen überzeugt sein müssen, um einen guten Zugang dazu zu finden.

Vipassana[34]

Diese Meditation trägt schon im Namen einen hohen Anspruch, nämlich «die Dinge zu sehen, wie sie wirklich sind». Methode und Name stammen aus dem Buddhismus. Gesund zu bleiben oder zu werden, im umfassenden Sinne verstanden, steht dabei im Mittelpunkt. Der Übende setzt dies um, indem er sich in der Meditation auf verschiedene Körperbereiche konzentriert und sich (unter Anleitung) damit auseinander setzt, was er dort wahrnimmt. Er durchwandert seine Körperregionen aufmerksam und behandelt sich dabei quasi selbst.

IV.10 Meditation unter dem «Mikroskop»[35]

Die Meditation, so ruhig und zurückgezogen Menschen diese in der Praxis üben, zieht in unserer Gesellschaft mittlerweile viel Aufmerksamkeit auf sich. Diese Form der Weltbegegnung hat die Binnenzirkel unreflektiert esoterischer Wohlfühlgemeinschaften längst verlassen und steuert neuen Ufern zu. So wendet mittlerweile auch die Wissenschaft Zeit und Mittel auf, um das Phänomen der Meditation zu analysieren; dem auf die Spur zu kommen, was Menschen dabei erleben.

Das Interesse an einem tiefer reichenden Verständnis überrascht nicht. Offensichtlich trägt Meditieren wesentlich zu Gesundheit und Erholung des Menschen bei. Neben diesen klinisch nachgewiesenen Effekten werden auch so genannte

---

[34] Ausführlich: Hans Gruber, Kursbuch Vipassana.
[35] Dazu Goleman Daniel: Der Lama im Labor. In: Dialog mit dem Dalai Lama.

«außergewöhnliche Erfahrungen» – über die Meditierende berichten – vom Forscherauge erfasst.[36]

Neu ist, dass sich seit einigen Jahren ausgewiesene Kapazitäten aus dem Bereich der Meditation (wie zum Beispiel der geistliche Führer Tibets, der Dalai Lama) verantwortlich in den wissenschaftlichen Dialog einbringen. In Zusammenarbeit mit kundigen Vertretern aus den Bereichen von Physik, Biologie, Medizin, Philosophie, Soziologie und weiteren Wissensbereichen hat sich hier ein fruchtbarer Diskurs etabliert.

Dabei geht es mitunter sehr naturwissenschaftlich zu: mit Hilfe bildgebender Verfahren aus der Medizin, wie etwa der Magnetresonanz-Tomographie (MRT), machen Neurowissenschaftler während der Meditation die dabei erzeugten Bewusstseinszustände grafisch sichtbar. Auf diese Weise erhobene Daten liefern das Dialogmaterial für regelmäßig stattfindende Konferenzen, auf denen renommierte Natur- und Geisteswissenschaftler mit ausgewiesenen Praktikern zusammentreffen. Folgende Fragen stehen im Mittelpunkt:

- Was geschieht in Körper, Geist und Seele des Menschen, wenn er meditiert?[37]
- Was kann Meditation für Gesundheit und Krankheit bedeuten?
- Auf welche Weise lässt Meditation sich nutzen, um korrigierend mit negativen Gefühlen umzugehen?
- Liegt in den außerordentlichen, fachsprachlich «mystisch» genannten Erfahrungen der tiefere Grund für die Weltreligionen?

[36] Eine wesentliche Frage ist: Was geschieht in Geist und Gehirn, wenn meditierende Menschen sich als «eins» erleben mit der Umwelt?
[37] Die Dreiteilung Körper, Geist und Seele ist aus dem Blickwinkel der modernen Wissenschaft wie auch des Buddhismus eine (willkürlich) vorgenommene Aufspaltung des Systems Mensch. Mit Blick auf die Realität ist dieses Konstrukt kaum haltbar. Es liefert jedoch als Modell eine günstige Arbeitshypothese.

- Wie kann Meditation zu einem zufriedenen Leben beitragen?
- Welche Art von Meditation ist für welchen Zweck geeignet?
- Wie lässt sich Meditation effektiv einüben?

Auch wenn sich manche Antworten als vorläufig, ja unvollständig erweisen, lassen sich schon jetzt weiterführende Perspektiven und Hinweise ausmachen. Diese dienen als Grundlage für eine Forschung, die das Weltbild des modernen Menschen nachhaltig bereichern kann.

V. Auszeit Sandmann – Im Schlaf zur Auszeit

> «Ein veränderter Umgang der
> Gesellschaft mit Schlaf würde
> mehr Gutes bewirken als fast
> alles, was ich mir sonst vorstellen
> könnte ...»
> Aus: Der Schlaf und unsere Gesundheit[38]

Schlaf als Auszeit – wie kann das gehen? Zum einen: Effektiver Schlaf unterstützt jegliche Auszeitform; egal was Ihr zentrales Motiv ist und welche Fragestellung Sie mit in die Auszeit nehmen.

Genauso aber können Sie diese Art von Auszeit nutzen, um ausschließlich Ihre persönlichen Schlafgewohnheiten zu optimieren. Das Ziel ist in beiden Fällen dasselbe: mehr Leistungsfähigkeit und Lebensqualität durch optimales Schlafmanagement.

In diesem Kapitel finden Sie Antwort auf folgende Fragen:

- Was bedeutet Schlaf für meine tägliche Leistungsfähigkeit?
- Was begünstigt guten bzw. schlechten Schlaf?
- Wie viel Schlaf brauche ich persönlich (Selbsttest)?
- Wie wirkt sich chronisches «Wenigschlafen» aus?
- Welche wichtigen Erkenntnisse hat die Schlafforschung gewonnen?
- Kann ich «Wenigschlafen» trainieren?
- Wie lässt sich ein Schlafprojekt in meine Auszeit einbinden?

---

[38] Dement/Vaughan: Der Schlaf und unsere Gesundheit, S. 14.

113

Ausblicke und Einblicke

Manchem Leser mag das Thema «schlafen» zu unspektakulär erscheinen, um in der oben behaupteten Wichtigkeit einzuleuchten. Deshalb soll der folgende Text Sie mitnehmen auf eine spannende Reise durch die Schlafforschung. Die Schlafmedizin hat in den vergangenen zehn Jahren Erkenntnisse erzielt, welche teils bahnbrechenden, teils alarmierenden Charakter haben.

Vorspiel

Ringe unter den Augen, der vierte Becher Kaffee, aber: «Ich bin fit!», beteuert der Auszeitnehmer. Ein Time-out möchte Herr Dieter machen, für 20 Tage. Mit auf die Reise nimmt er die Frage, wie es beruflich weitergehen soll in den nächsten drei Jahren.

Alles ist gesagt, aber Herr Dieters Gesprächspartner lässt noch nicht locker. Er unternimmt einen letzten Vorstoß: «Wissen Sie, dass, wer wenig schläft, auch schneller altert?» Er wirft diese Bemerkung hin wie einen Scherz, so dass sein Gegenüber nicht gezwungen ist, darauf zu antworten – sondern mit einer lockeren Bermerkung darüber weggehen könnte. Aber Herr Dieter reagiert anders. Mit einer klaren Aussage: «Wenn ich länger als sechs Stunden schlafe, habe ich ein schlechtes Gewissen ...»

V.1   Die schlafkranke Gesellschaft

Zwei international renommierte Schlafmediziner überschreiben die Einleitung zu ihrem Buch mit dem Titel: «Verordnung für eine schlafkranke Gesellschaft» und legen damit den Finger in eine offene Wunde. Zwar zielt der Titel ursprünglich auf die Lage in der US-amerikanischen Gesellschaft, aber europäische Schlafforscher bestätigen diese Erkenntnisse für unseren Kulturkreis.

Der Mechanismus: Aus unterschiedlichen Motiven strapazieren Menschen ihr Erholungsbedürfnis. Sie tun dies, indem sie die Gesetze der Erholung an einer Stelle übertreten, wo das nicht sofort spürbar ist: beim Schlaf. Doch die Tatsache, dass wir nach einer Anzahl zu kurz oder schlecht geschlafener Nächte keinen Strafzettel wegen wiederholten «Falschschlafens» an unserem Pyjama finden, täuscht manchen über den wahren Sachverhalt hinweg. Dass nämlich ausreichend Schlaf durch nichts ersetzt werden kann – wenn es darum geht, wach und leistungsfähig zu sein.

Das Problem des Schlafmangels verschärft sich durch eine chronische Selbstüberschätzung der Betroffenen. Mittels Studien belegen Forscher: Menschen, die kontinuierlich zu wenig schlafen, fühlen sich subjektiv normal leistungsfähig, sind mitunter sogar euphorisiert – die objektiven Messungen stehen diesem Eindruck aber eindrucksvoll entgegen.

V.2 Wer wenig schläft, kann mehr leisten – falsch![39]

> «Gott gibt's den Seinen
> im Schlaf.»
>
> Deutsches Sprichwort

Obwohl die Wissenschaftler noch nicht exakt bestimmen können, was genau am Schlaf so erfrischend auf uns wirkt, können Sie immerhin feststellen, welche schwer wiegenden Folgen drohen, wenn wir auf Dauer ohne die notwendige Dosis Erholung auskommen müssen. Die Hauptwirkungen chronischen Wenigschlafens finden Sie nachfolgend aufgelistet:

[39] Ausführlich dazu: Dement/Vaughan, Schlafen, um produktiv zu werden. In: Der Schlaf und unsere Gesundheit, Seite 302.

115

Fehlerhäufigkeit

Menschen mit einem zu hohen Schlafdefizit machen deutlich mehr Fehler: unabhängig davon, ob es sich um Computerarbeit handelt oder ob die Betreffenden im Produktionsprozess tätig sind. Schläft ein Mensch beispielsweise zwei Wochen lang statt der für ihn normalen acht Stunden nur sechs, ist seine Leistungsfähigkeit so beeinträchtigt wie nach einer ganzen Nacht ohne Schlaf.[40]

Zudem provoziert chronischer Schlafmangel den so genannten Mikroschlaf, auch bekannt als Sekundenschlaf. Ein hoher Prozentsatz der täglichen Verkehrsunfälle (nicht nur zu Land, sondern auch zu Wasser) wird ursächlich auf diesen kurzzeitigen Totalausfall zurückgeführt. Wichtig: Ob es dabei zu einem Unfall kommt oder nicht, häufig ist den «K.O.-Schläfern» gar nicht bewusst, dass Sie für einen Mikrozeitraum eingenickt sind.

Konzentrationsschwächen

Übermüdete Menschen neigen zu starken Konzentrationsschwächen. Es fällt Ihnen schwerer sich zu konzentrieren, aber auch die Konzentration beizubehalten.

Immunschwäche

Untersuchungen legen einen Zusammenhang nahe zwischen Schlafmangel und einer erhöhten Anfälligkeit für Krankheiten, beispielsweise Erkältungen.

---

[40] Vergleiche die Ausführungen des Schlafforschers Prof. Jürgen Zulley: Helle Praxis, regelmäßige Pausen – wie Ärzte im Alltag fit bleiben. In: Ärztezeitung, 4.3.2004.

Zellalterung

Wer regelmäßig unter seinem tatsächlichen Schlafbedürfnis bleibt, altert schneller. Vermutlich, weil die Zellen sich im Schlaf besonders aktiv regenerieren.[41]

Motivationsschwäche[42]

Für engagierte Dauerleister besonders interessant: Hohe Schlafschulden, durch chronisches Wenig-schlafen, korrelieren nicht nur mit abnehmender Leistungsfähigkeit, sondern auch mit schwindender Motivation im Alltag.

Menschen mit Schlafentzug zeigen sich ihrer Umwelt pessimistischer und unglücklicher, als sie es unter gleichen Bedingungen mit ausreichend Schlaf tun.

Der Mythos vom «Sparschläfer»

Wer sich also auf Dauer weniger Schlaf gönnt, als er tatsächlich benötigt, verschläft sein Leben – so paradox es auch klingt. Entgegen dieser Erkenntnis aus der Schlafmedizin hält sich gerade unter chronischen Viel-Arbeitern hartnäckig der Mythos vom «outperforming» Wenigschläfer. Alles sei, so kann man hören, nur eine Frage der Disziplin. Völlig ausgeschlafen zu sein gilt als ein Verrat an der Leistung: «Ist dieser Mensch überhaupt mit Biss bei der Sache? Setzt er oder sie sich denn voll für die Firma ein?»

Nimmt man die Erkenntnisse der Schlafmedizin ernst, dann haben allenfalls die Ausgeschlafenen das Zeug zum «Outperformer». Selbst wenn diese eine Stunde pro Tag weniger arbeiten würden, den Rückstand holen die «Langschläfer» mit ihrer stabilen Leistungsfähigkeit locker wieder auf.

Wenn Sie sich nun fragen, wie ausgeschlafen Sie selbst wohl sind, dann gibt es einen einfachen Test zur Selbstdiagnose.

[41] Dazu Prof. Jürgen Zulley in einem Interview mit der DAK: Wer nicht schläft, altert schneller. Quelle: DAK Presse Server, Schlafstörungen, 2004.
[42] Vergleiche Dement/Vaughan: Befindlichkeit und Vitalität. In: Der Schlaf und unsere Gesundheit, Seite 254 ff.

V.3   Selbsttest Schlaf

Um Ihrem persönlichen Schlafverhalten «en Detail» auf die Spur zu kommen, können Sie über einen mehrwöchigen Zeitraum hinweg ein so genanntes Schlaftagebuch führen.[43] Das ist aber relativ aufwändig. Um einen ersten Einblick zu gewinnen, ist erheblich weniger Anstrengung nötig:

Legen Sie sich irgendwann während des Tages, wenn die Tagesmüdigkeit sich bemerkbar macht, in einen abgedunkelten, ruhigen Raum, auf einen bequemen Platz. Eine Hand liegt an der Kante der Couch oder eines Stuhls. Sie hält einen kleinen Kaffeelöffel. Unter Ihre Hand stellen Sie einen Teller oder eine Metallschale. Wenn Sie einschlafen, fällt der Löffel herunter. Das laute Geräusch weckt Sie sofort.

Da Sie zu Beginn des Experiments auf die Uhr geschaut haben, können Sie – nachdem Sie aufgewacht sind – mit einem erneuten Blick feststellen, wie viel Zeit bis zum Einschlafen vergangen ist. Selbst wenn der Löffel (auch ein anderer Gegenstand ist denkbar) nicht sofort herunterfällt, reicht das Resultat für einen ungefähren Anhaltspunkt völlig aus. Sind Sie dennoch unsicher, ob die Messung exakt war, wiederholen Sie einfach den Test.

Zur Interpretation Ihres persönlichen Ergebnisses geben Schlafforscher folgende Faustregel vor:

Sie benötigen 1 bis 5 Minuten, um einzuschlafen
Wenn Sie weniger als fünf Minuten brauchen, bis Sie eingeschlafen sind, ist es wahrscheinlich, dass Sie bereits so viele Schlafschulden angesammelt haben, dass Ihre Leistungsfähigkeit im Wachzustand stark eingeschränkt ist.

---

[43] Ausführlich dazu: Dement/Vaughan: Bestandsaufnahme des eigenen Schlafbedarfs. In: Der Schlaf und unsere Gesundheit, Seite 312.

Sie benötigen 5 bis 10 Minuten, um einzuschlafen
In diesem Fall können Sie mit längeren Schlafzeiten für mehr
Wohlbefinden und Leistungsfähigkeit sorgen.

Sie benötigen 10 bis 15 Minuten, um einzuschlafen
Hier liegen Sie bereits im grünen Bereich, trotzdem kann es
sich lohnen, mit etwas längeren Schlafzeiten zu experimentieren.

Sie benötigen mehr als 15 Minuten, um einzuschlafen
In diesem Fall sind Sie optimal wach und leistungsfähig.

Einfache Ursache – Schwierige Abhilfe

Vielleicht haben Sie im vorherigen Experiment festgestellt, dass
Sie nicht optimal ausgeschlafen sind; und damit auch nicht so
leistungsfähig, wie Sie es sein könnten. Beheben lässt sich das
gewöhnliche Schlafdefizit mit dem schlichten Entschluss, mehr
zu schlafen. Doch das scheint nicht so einfach: Solange unin-
formierte «Schlafkritiker» das Ausschlafen immer noch als eine
Art Schwäche diagnostizieren, die einem Mehr an individueller
«Performance» im Wege steht, macht sich derjenige zum
«Warmduscher», welcher auf sein Schlafbedürfnis pocht. In die
Praxis übertragen: Wer möchte schon derjenige sein, der sich
als Erster vom gemeinsamen Essen im Hotel zurückzieht; oder
sich erlaubt, darauf hinzuweisen, dass es wenig sinnvoll ist, eine
wichtige Besprechung auf 7.00 Uhr morgens anzusetzen?

Trotz dieser Widerstände liegt es in Ihrer eigenen Verantwortung zu entscheiden, wie Sie mit Ihrem Schlaf umgehen.
Vor diesem Hintergrund lädt dieses Kapitel dazu ein, zunächst
ein wenig mit Ihren Schlafgewohnheiten zu experimentieren.
Danach, wenn Sie mehr über Ihren individuellen Schlaf wissen,
können Sie entscheiden, welchen Weg Sie einschlagen.

Bevor Sie sich nun mit einem speziellen Schlaftraining für die Auszeit beschäftigen, finden Sie hier einige Tipps, wie der Mensch grundsätzlich für einen erholsamen Schlaf sorgen kann.

V.4   Intelligent schlafen[44]

> «Oh, mordet nicht den heiligen
> Schlaf.»
>
> Friedrich Schiller

Die Länge des Schlafes

Den Schlafbedarf eines Erwachsenen geben die Forscher mit sieben bis neun Stunden täglich an. Den tatsächlichen persönlichen Bedarf gilt es individuell zu ermitteln.

Tipp: Einige wenige Menschen kommen regelmäßig mit fünf Stunden Schlaf und weniger aus. Ihnen ist gemeinsam, dass sie dieses Verhalten nicht erst erlernen mussten, sondern schon von Geburt an ausgesprochene Kurzschläfer waren.

Die günstige Umgebung

Eine ruhige, etwa 15 bis 18 Grad warme Umgebung begünstigt erholsamen Schlaf. Wenn Sie sich beim Aufwachen etwas ausgekühlt fühlen oder verschwitzt sind, decken Sie sich möglicherweise zu kalt oder zu warm zu und erschweren Ihrem Körper die Erholung.

Stehen Sie morgens häufig «gerädert» oder mit Rückenschmerzen bzw. muskulären Verspannungen auf, dann könnte Ihre Matratze zu weich oder auch zu hart sein.

---

[44] Ausführlich dazu: Zulley/Knab: Guter Schlaf im Alltag. In: Die kleine Schlafschule, Seite 53 ff.

Die Ernährung

Günstig ist es, wenn die letzte Mahlzeit drei Stunden vor dem Schlafengehen abgeschlossen ist, sonst muss der Körper nachts arbeiten, statt sich auszuruhen. Für einen ungestörten Schlaf sollte der Schläfer abends auch keine koffeinhaltigen Getränke mehr zu sich nehmen sowie auf übermäßigen Alkoholkonsum verzichten. Auch wenn Alkohol für einen Moment das Einschlafen erleichtert, ist er häufig dafür verantwortlich, dass Sie nachts aufstehen müssen, weil sich die Blase meldet. Zudem vermindert stärkerer Alkoholgenuss (das kann bereits ein zweites Bier sein) generell die Fähigkeit zu regenerieren – nach körperlicher oder geistiger Belastung.

Der Zeitpunkt

Jene Volksweisheit, wonach der Schlaf vor Mitternacht der erholsamste sei, hat die Forschung als Märchen entlarvt. Dennoch ist der Zeitpunkt, an dem Sie schlafen gehen, nicht beliebig. Viele Menschen benötigen für einen guten Schlaf ein Minimum an Kontinuität. Sie können diesem Erfordernis nachkommen, wenn Sie einen festen Zeitkorridor wählen, zu dem Sie sich in der Regel zu Bett begeben; beispielsweise 0.00 Uhr plus minus einer halben Stunde.

Für Fortgeschrittene

Wenn möglich lassen Sie sich nicht vom Wecker aufwecken, sondern von Ihrem Körper, der dem so genannten zirkadianen Rhythmus folgt. Das bedeutet, dass Ihr Körper von selbst aufwacht, ungefähr zur richtigen Zeit. Diese Weckerabstinenz setzt natürlich voraus, dass Ihre Schlafschulden nicht allzu hoch sind. Lassen Sie sich dagegen von einem externen Signal wecken, ist es möglich, dass Sie mitten aus der Tiefschlafphase gerissen werden und sich entsprechend fühlen. Allerdings erfordert das körpereigene Weckverfahren, dass Sie erstens über Ihr Schlafbedürfnis gut Bescheid wissen und sich zweitens nach diesen Bedürfnissen richten.

Wenn Sie aber, wie viele, es sich nicht leisten können, vollständig auszuschlafen, sollten Sie darauf achten, wie lange Sie schlafen. Unser Nachtschlaf vollzieht sich in 4 bis 6 Zyklen. Jeweils am Ende der etwa eineinhalbstündigen Zyklen schlafen Sie deutlich leichter; wesentlich angenehmer ist dann auch der Übergang in die Wachwelt.

Ein Rechenbeispiel: Es ist 0.00 Uhr und Sie können sich erlauben, bis 6.00 zu schlafen. Zum Einschlafen benötigen Sie 15 Minuten, also bleiben Ihnen 5 Stunden und 45 Minuten zum Schlafen. Da der erste Nachtschlafzyklus aber gewöhnlich nur etwa 60 Minuten statt der üblichen 90 Minuten dauert, würden Sie mitten aus dem Tiefschlaf gerissen, wenn der Wecker um 6.30 klingelt. Die Regel lautet: lieber etwas früher wecken lassen als mitten im Tiefschlaf. Als günstige Weckzeitpunkte bieten sich dann ab dem Zeitpunkt des Einschlafens an: 60 Minuten – 2,5 h – 4 h – 5,5 h – 7 h – 8,5 h.

Alle genannten Punkte sind als ungefähre Richtwerte zu verstehen. Es lohnt sich, damit zu experimentieren, um herauszubekommen, was für Sie persönlich wichtig und richtig ist. Vielleicht können Sie ohne negative Folgen zwei Tassen Kaffee vor dem Schlafengehen trinken; erweisen sich aber einen großen Gefallen, wenn Sie täglich zur gleichen Zeit schlafen gehen.

V.5 Das Schlafprojekt für die Auszeit

> «Es ist erstaunlich, wie anders ich
> das Leben sehe, wenn ich nur
> eine Nacht gut geschlafen habe.»
> Sylvia Plath

Unabhängig davon, ob Sie die Auszeit dafür reservieren, um mit einem speziellen Projekt Ihrem tatsächlichen Schlafbedarf auf die Spur zu kommen, oder ob das Schlafprojekt Ihr hauptsächliches Anliegen (nur) begleitet, ist Folgendes zu beachten:

Über die Schlafschulden – eine Vorbemerkung

Anders als im Kreditgewerbe ist es für den erholsamen Schlaf gut und notwendig, ein bestimmtes Maß an Schlafschulden anzuhäufen. Der Schuldner ist in diesem Fall Ihr eigener Körper. Haben Sie zu wenig von diesen nicht geschlafenen Stunden angehäuft, fehlt es Ihnen an Einschlafdruck; das heißt, Sie liegen zu lange wach vor dem Einschlafen. Haben Sie andererseits zu viele dieser Schulden angehäuft, schlafen Sie vielleicht innerhalb von fünf Minuten ein, Sie sind aber tagsüber nicht so leistungsfähig, wie Sie es sein könnten. Ziel des vorzustellenden Schlafprojektes ist es, die optimale Schlafschuld zu finden. Diese erlaubt es Ihnen, schnell in den Schlaf zu gleiten, tief zu schlafen und erholt aufzuwachen.

Schlafen bis zum Anschlag

Bestimmen Sie den ungefähren Zeitpunkt, zu dem Sie sich während der nächsten Tage schlafen legen. Dieser sollte in einem Zeitkorridor liegen, in dem es Ihnen normalerweise leicht fällt einzuschlafen.

Schlafen Sie aus, der Wecker ist tabu. Das bedeutet, Sie erlauben sich, so lange zu schlafen, bis Ihr autonomer zirkadianer Rhythmus signalisiert, dass es genug ist – und Sie von selbst aufwachen. Erwachen Sie früher (etwa zu Ihrer klassischen Aufstehzeit, weil Sie daran gewöhnt sind), dann drehen Sie sich einfach um und schlafen weiter.

Behalten Sie diesen Rhythmus in den folgenden Tagen bei. Gelingt es Ihnen in dieser Zeit, relativ lange zu schlafen, dann ist das ein Hinweis darauf, dass Sie überzählige Schlafschulden abzahlen, die Sie zuvor angehäuft haben.

Nach einigen Tagen pendelt sich Ihr Schlafbedarf bei einer bestimmten Stundenzahl ein. Damit haben Sie Ihr persönliches Schlafpensum ermittelt. Zählen Sie nun diejenigen Stunden zusammen, die Sie bis hierhin über dieses «Optimum» hinaus geschlafen haben. Die Summe ergibt Ihre zurückgezahlte Schlafschuld.

Das Experiment ist beendet, wenn sich Ihr Rhythmus bei einem gleich bleibenden Schlafpensum einpendelt (und Sie sich dabei gut fühlen). Egal, was Sie jetzt mit dieser Erkenntnis anfangen, Sie wissen zumindest, wie viel Schlaf Sie benötigen, um dauerhaft gesund und leistungsfähig zu bleiben.

V.6   Das kann Ihr Experiment behindern

Sie haben Sorgen, die Ihnen das Einschlafen erschweren

Manchmal machen sich in einer Auszeit latente oder offen liegende Sorgen erst richtig bemerkbar. Das ist gut, denn nun können Sie damit aufmerksam umgehen und nach Lösungswegen suchen.

Andererseits muss aber ausreichend Schlaf gewährleistet sein. Zwei Massnahmen bieten sich an: Zum einen können Sie Sport einsetzen, um Stresshormone abzubauen und den Einschlafdruck zu erhöhen, das heißt sich emotional entspannter zur Ruhe zu legen. In der Regel genügen 20 Minuten Betätigung, bei der Sie auch ins Schwitzen kommen sollten.[45] Zum anderen können Sie versuchen, bewusst ein Stopp-Signal zu setzen. Dazu kreieren Sie ein Ritual, mit dem Sie Ihre Sorgen symbolisch abgeben; indem Sie beispielsweise Ihre «Grübeleien» mit dem Mantel zusammen an die Gardarobe hängen oder Ihre Probleme «ablegen», wenn Sie dasselbe mit Ihrer Kleidung tun. Auf diesen «Parkplätzen» sind Ihre Sorgen und Probleme gut aufgehoben bis zum nächsten Tag.

Sollten dennoch unerwünschte Gedanken sich breitmachen, dann schreiben Sie diese «weg», indem Sie sie notieren. So machen Sie sich für den Moment frei. Ihre Probleme werden

---

[45] Genaueres dazu finden Sie auf Seite 183, Der Eignungstest.

aber nicht verdrängt, sondern lediglich auf den nächsten Tag verschoben.

Sie leiden unter einer behandlungsbedürftigen Schlafstörung

Sind Sie trotz ausreichendem Schlaf ständig erschöpft, abgespannt und niedergeschlagen, dann kann sich dahinter – neben körperlichen Ursachen – auch eine echte Schlafstörung verbergen.[46] Menschen, die stark schnarchen, können zum Beispiel unter einer Schlafapnoe leiden. Dabei handelt es sich um eine Erkrankung, die dem Schläfer nachts mehrere kurze Erstickungsanfälle beschert, ohne dass er davon etwas mitbekommt. Diese Auffälligkeit kann die Leistungsfähigkeit eines Menschen drastisch einschränken, Herz-Kreislauf-Erkrankungen herbeiführen oder Todesfälle verursachen.

Eine andere Störung ist das so genannte «Restless-Leg-Syndrom». Menschen, die davon betroffen sind, spüren ein Kribbeln in den Beinen, sobald sie sich hinlegen. Ihr Schlaf verläuft unruhig und gestört, unterbrochen von periodischen Bewegungen der Beine.

Diese beiden Störungen sind relativ «populär» (im Sinne von verbreitet). Die Liste der möglichen Schlafstörungen ist jedoch deutlich länger. In jedem Fall gilt: Sollten Sie den Verdacht haben, dass Sie unter einer schlechten Schlafqualität leiden, wie auch immer diese verursacht wird, so ist der Besuch eines internistischen Spezialisten angezeigt. Er wird dieses Problem professionell angehen, eventuell zum Besuch eines Schlaflabors raten.

[46] Lesen Sie dazu auch: Seite 22, Es muss nicht gleich ein Burnout sein.

VI. Literatur und Adressen

Literatur zur Auszeit Vier-Plus

De Jong Peter/Berg Insoo Kim: Lösungen (er-)finden. Verlag Modernes Lernen, Dortmund 2003.

Lievegoed Bernhard: Lebenskrisen – Lebenschancen. Kösel-Verlag, München 2001.

Mücke Klaus: Hilf Dir selbst und werde, was Du bist. Öko-Systeme Verlag, Potsdam 2004.

Nadolny Stan: Die Entdeckung der Langsamkeit. Piper, München 1987.

O' Conner Joseph/McDermott Ian: Systemisches Denken verstehen & nutzen. VAK Verlags GmbH, Kirchzarten 2004.

Wall Kathleen/Ferguson Gary: Rituale für das Leben. Hugendubel, München 2000.

Watzlawick Paul/Krieg Peter (Hrsg.): Das Auge des Betrachters. Carl-Auer-Systeme, Heidelberg 2004.

Welter-Enderlin Rosmarie/Hildenbrand Bruno: Rituale, Vielfalt in Alltag und Therapie. Carl-Auer-Systeme, Heidelberg 2004.

Literatur und Adressen zur Auszeit Rustiko

Brenner Helmut: Meditation. Die wichtigsten Methoden, Ziele und Übungen. Humboldt Verlags GmbH, Baden-Baden 2004.

Jäger Willigis: Die Welle ist das Meer. Mystische Spiritualität. Verlag Herder, Freiburg 2000.

Meuthes-Wilsing Adelheid/Bossert Judith: Die Leichtigkeit des Zen. Theseus-Verlag, Berlin 2001.

Ott Ulrich: Meditation. In: Vaitl Dieter/Petermann Franz, Entspannungsverfahren. Beltz Verlag, 3. Auflage, Weinheim 2004, S. 177–188.

Suzuki Daisetz Teitaro: Leben aus Zen. Insel-Verlag, Frankfurt a.M. und Leipzig 2003.

Vaitl Dieter/Petermann Franz: Entspannungsverfahren. Beltz Verlag, 3. Auflage, Weinheim 2004.

Literatur zu weiteren Meditationsformen

Gruber Hans: Kursbuch Vipassana. Fischer Verlag, Frankfurt a.M. 2001.

Jäger Willigis: Kontemplation. Herder, Freiburg 2002.

Methfessel Thomas: Tai Chi für Anfänger. Oesch Verlag, Zürich 2003.

Trökes Anne: Das große Yogabuch. Gräfe & Unzer, München 2000.

Adressen zur Meditation

www.benedictushof-holzkirchen.de
Hier können Sie wählen unter zahlreichen Zen-Angeboten.
Aber auch alternative Seminar- und Fortbildungsangebote zum
Thema Meditation sind dort aufgeführt.

www.kunstderauszeit.de
Neben Informationen und Seminaren zur Auszeit finden Sie
dort weitere Auszeit-Angebote des Autors.

www.meditation-in.de
Hier finden Sie, nach Postleitzahlen geordnet, die Adressen re-
gionaler Meditationsgruppen im In- und Ausland.

www.zenklausen.de
Unter dieser Adresse finden Sie eine sehr ruhig gelegene Rück-
zugs- und Meditationsstätte in der urwüchsigen Natur der Eifel.

Literatur und Adressen zur Meditationsforschung

Goleman Daniel: Dialog mit dem Dalai Lama. Carl Hanser
Verlag, München 2003.

Vaitl Dieter/Petermann Franz (Hrsg.): Entspannungsverfahren.
Beltz, Weinheim 2004.

www.mindandlife.org
Unter diesem Namen präsentiert sich ein interdisziplinäres Institut, das den Diskurs zwischen westlicher Wissenschaft und
meditativen Traditionen durch gezielte Forschung voranbringt.
Daniel Goleman (Stichwort: «Emotionale Intelligenz») und der

Dalai Lama sind bekannte Mitarbeiter in diesem Forschungs-
kreis.

Literatur und Adressen zur Auszeit Sandmann

Dement William C./Vaughan Christopher: Der Schlaf und unsere Gesundheit. Limes Verlag, München 2000.

Zulley Jürgen/Knab Barbara: Die kleine Schlafschule. Herder
Verlag, Freiburg 2002.

Zulley Jürgen/Knab Barbara: Wach und Fit. Herder Verlag,
Freiburg 2004.

Adressen zur Schlafforschung

wwww.schlaf-medizin.de
Literatur, Seminare und Informationen rund um das Thema
Schlaf. Leitung: Schlafmediziner Prof. Dr. Zulley.

www.dgsm.de
Die Deutsche Gesellschaft für Schlafmedizin bietet auf dieser
Website zahlreiche aktuelle Informationen – für Profis und in-
teressierte Laien.

www.dags.de
Die Deutsche Akademie für Gesundheit und Schlaf e.V. ist eine
Vereinigung führender Schlafforscher mit dem Ziel, Erkenntnisse aus Schlafforschung und Schlafmedizin öffentlich zugänglich zu machen.

Auszeit M   [20 Minuten bis 1 Tag]

> «Es ist nicht wenig Zeit, die wir zur
> Verfügung haben, es ist viel Zeit,
> die wir nicht nutzen.»
>
> Seneca

Dieses Kapitel erschließt Ihnen zwei Varianten, mit denen Sie eine Auszeit der Länge M gestalten können. Zum einen ist das die Persönliche Beratung (PeBe), zum anderen der Auszeitsport.

Zeitbedarf: 20 Minuten bis 1 Arbeitstag

I.   Auszeit M — Zwei unterschiedliche Modelle

Auszeit PeBe – Persönliche Beratung als Auszeit

Mit der Auszeit M rückt die gezielte persönliche Beratung (PeBe) ins Zentrum unserer Aufmerksamkeit. Diese Art des Timeouts wird oft auch als «Coaching» bezeichnet. Sie vollzieht sich in der Regel als ein intensiver Dialog, den der Berater und seine Klientin, die Beraterin und ihr Klient miteinander führen.

Um das Potenzial dieses Themas voll auszuschöpfen, beschränkt sich unsere Darstellung nicht auf die populäre, psychologisch orientierte Beratung. Vielmehr gibt sie einen Einblick in die sich entwickelnde Profession der «Philosophischen Beratung».

Sport als Auszeit

Sport ist unser zweiter leistungsfähiger «Helfer» für eine Auszeit M. Allerdings ist die körperliche Betätigung nur dann effektiv, wenn der Auszeitler dabei wichtige Grundlagen aus Sportphysiologie und Trainingslehre beachtet. Bevor wir also loslegen und den Körper in Fahrt bringen, werden wir dem Thema Sport einiges Nachdenken voranstellen; damit die sportliche Betätigung mehr hervorbringt als Schweiß und müde Muskeln.

II.   Auszeit PeBe – Psychologisch orientiert

Diese Art der Auszeit bietet Raum, um:

mit professioneller Hilfe persönliche Themen und Fragestellungen anzugehen, also ...

* existenzielle Fragen zu klären (zu Beruf und Privatleben),
* ein persönliches Problem zu bearbeiten (etwa an der Schnittstelle von beruflicher Planung und familiären Bedürfnissen),
* sich neu zu orientieren – in Bezug auf persönliche Einstellungen und Haltungen,
* Krisensituationen jeder Art zu bewältigen.

In diesem Kapitel finden Sie Antwort auf folgende Fragen:

* Wie finde ich einen geeigneten Berater?
* Welche Kriterien gibt es, um professionelle Berater von weniger professionellen zu unterscheiden?
* Wie kann ich den Erfolg der einzelnen Beratungs-Sitzungen überprüfen?

- Warum ist für Menschen in verantwortlicher Position persönliche Beratung oft ein Tabu-Thema?
- Sind zertifizierte Berater gleichzeitig auch gute Berater?
- Was verbirgt sich hinter den – im Beratungszusammenhang häufig verwandten – Begriffen wie «NLP» und «systemisch», oder «Diplompsychologe» und «Top-Coach»?
- Was verspricht die «Philosophische Beratung». Und was ist überhaupt darunter zu verstehen?

Zum Begriff des «Coaching»

In den folgenden Ausführungen wird bewusst auf den Begriff des «Coaching» verzichtet. Der Grund liegt darin, dass die inhaltliche Verwandtschaft dieses Begriffs mit dem «Coach» (so wie er im Sport verstanden wird) Anlass zu Missverständnissen gibt. Auch wenn inzwischen manches auf einen korrigierenden Wandel hindeutet, so verkörpert der Sport-Coach eine Instanz, die autoritär, zum Teil «von oben herab», verkündet, was der Sportler zu tun hat, um erfolgreich zu sein.[47]

Professionelle Beratung hingegen stellt weit höhere Ansprüche an das Kommunikationsverhalten. Dies bei allen Beteiligten: Klient und Beraterin. Mittlerweile ist klar, dass die größten Erfolge auf der Basis eines partnerschaftlichen Dialogs erzielt werden – also wenn beide «auf Augenhöhe» individuelle Lösungswege erarbeiten. Für ein Szenario, in welchem (gleich einem Trainingslager) lehrerhaft vermittelt wird, «wie es denn zu gehen hat, damit es bald gut wird», bleibt wenig Raum.

Diese Schärfung des Begriffs trägt dazu bei, exakter zu beschreiben, was genau Beratung meint und wie sie verstanden sein will, soll sie den gewünschten Erfolg haben. Ohne also die Beschreibung «Coaching» generell zu disqualifizieren, wird sie im Folgenden durch den Begriff der (persönlichen) Beratung ersetzt.

---

[47] Im Profifußball und weiteren Bereichen des Leistungssports treten inzwischen auch «Coaches» auf, die den mündigen, eigenverantwortlichen Spieler nicht nur (verbal-kosmetisch) fordern, sondern auch aktiv fördern.

II.1 Persönliche Beratung – Ein Thema, das keines ist?[48]

> «Es gibt Dinge, über die spreche ich
> nicht einmal mit mir selbst.»
>
> Konrad Adenauer

Für viele Menschen in verantwortlicher Position gilt nach wie vor: Persönliche Beratung, die sich nicht als «harmlose» Fachberatung ausweist (zum Beispiel zu einem betriebswirtschaftlichen Thema), ist tabu. Zumal, wenn sie den Ernstfall existenzieller Fragen zum Thema macht. Dieses Tabu zu durchbrechen, kommt in den Augen mancher Verantwortungsträger der Investition in einen schlechten Ruf gleich.

Da individuelle Beratungsarbeit häufig von Psychologen versehen wird, stützt dies den Eindruck, dass da irgendwie Therapie für psychisch zumindest angeschlagene Menschen getrieben wird. Der spontane Ausruf eines 34-jährigen Abteilungsleiters: «Ich bin doch nicht krank!», auf den Vorschlag seines Vorgesetzten hin, sich mit einem Berater zusammenzusetzen, ist vor diesem Hintergrund nicht als Ausnahme anzusehen. Dies ist eine Äußerung, die sich manche zurückhaltendere Zeitgenossen zwar verbeißen. Während sie jedoch im Stillen dieser Einschätzung zustimmen.

Wenn wir im Folgenden über Beratung sprechen, lassen wir uns von derlei Bedenken nicht beeindrucken. Vielmehr soll Beratung als eine qualifizierte Interventionsmöglichkeit vorgestellt werden; eine lösungsorientierte Maßnahme, mit deren Hilfe es gelingt, Menschen an wichtigen Wegkreuzungen professionell zu begleiten.

---

[48] Vergleiche dazu den Exkurs zur Akzeptanz von Beratung, Seite 153.

II.2   Beraterwahl – «... die Guten ins Töpfchen»

Das Schlüssel-Problem besteht darin, dass gute Berater nicht verwechslungsfrei als solche gekennzeichnet sind. «Berater» oder «Beraterin» sind keine geschützten Berufsbezeichnungen. Nach unserer Erfahrung lohnt es sich, den Verdacht zu kultivieren, dass für diesen Bereich dieselbe Faustregel gilt wie in anderen Gebieten. Danach vertritt nur jeder dritte Berufstätige tatsächlich seine Profession auf eine Weise, dass er das in ihn gesetzte Vertrauen vollständig rechtfertigen kann. Ein scharfer, beurteilender Blick kann also nicht schaden, sondern vielmehr Schaden verhindern.

Ein erster Schritt dorthin führt über die Vorauswahl sowie das Erstgespräch.

Die Vorauswahl

Fragen Sie im Kreis Ihrer Arbeitskollegen und Freunde nach, ob jemand einen Berater empfehlen kann. Tipp: Wollen Sie nicht selbst als Interessent in Erscheinung treten, dann signalisieren Sie, dass Sie sich im Auftrag eines ungenannten Dritten «mal umhören» möchten.

Führt dieser Weg nicht zum Erfolg, können Sie in so genannten Coaching-Datenbanken nach einem geeigneten Berater recherchieren.[49] Beschränken Sie Ihr Suchfenster zunächst auf eine Person in Ihrer näheren Umgebung. Zu weite Wege kosten Zeit, Geld und Motivation. Soll die Beratung maximal diskret ablaufen, dann wählen Sie einen Berater oder eine Beraterin, deren Praxis in einer Gegend liegt, welche Sie ohnehin öfter, dienstlich oder aus anderem Grund, aufsuchen.

Nutzen Sie die in der Coaching-Datenbank angegebene Web-Präsenz, um sich ein erstes Bild von dem Bewerber zu machen – oder fordern Sie direkt aussagekräftige Informationen zu

---

[49] Dazu geben Sie das Stichwort «Coaching-Datenbank» in eine Suchmaschine des World Wide Web ein.

Ausbildung und Arbeitsweise an. Wenn Sie nicht selbst schon entsprechende Kriterien für eine Beurteilung der gefundenen Angaben zur Hand haben, können Sie die vorgeschlagenen Punkte auf Seite 136 ff. verwenden.

Tipp: Findet sich in dieser Phase keinerlei Antwort auf die gelisteten Fragen, besteht die Gefahr, dass die präsentierte Oberfläche des Beraters auch schon den ganzen Inhalt darstellt.

Haben Sie schließlich einen Berater gefunden, der für Sie in Frage kommt, vereinbaren Sie einen Termin für das Erstgespräch. Manche bieten ein kostenfreies Vorgespräch an, andere verrechnen für dieses erste Gespräch nur dann eine Gebühr, wenn ein Auftrag ausbleibt. Eine dritte Gruppe veranschlagt einen pauschalen Beratungssatz, unabhängig vom Ausgang des Kennenlern-Gesprächs. Aus der unterschiedlichen Praxis eine qualifizierende (oder disqualifizierende) Bewertung abzuleiten, scheint hier nicht angemessen. Für jede Variante lassen sich gute Gründe finden. Doch bestimmt ist es sinnvoll, sich im Vorfeld zu informieren, wie es der kontaktierte Berater damit hält.

Für Eilige: Muss es noch schneller gehen oder mit weniger Aufwand, sprechen Sie telefonisch mit Ihrem Bewerber und konfrontieren Sie ihn ohne Scheu mit Ihren Auswahlkriterien.

Das Erstgespräch

Bevor wir uns mit weiteren Beurteilungskriterien beschäftigen, sind an dieser Stelle zunächst zwei wichtige Regeln zu nennen: «Vertrauen Sie Ihrem Gefühl.» Und: «Sie müssen Ihre Entscheidung pro oder contra Berater keinesfalls sofort und vor Ort fällen.» Letzteres lässt sich besser aus der vergewissernden Distanz einer überschlafenen Nacht heraus tun. Oder wenn Sie einen weiteren Berater kennen gelernt haben.

Bevor Sie sich für einen Berater entscheiden, gilt es zunächst, eine genauere Vorstellung von der Person und deren Qualifikation zu gewinnen. Wichtig: Setzen Sie mit einem kräftigen Sprung über Achtung gebietende Äußerlichkeiten hinweg, die da sind: bedeutungsvolle Berufsbezeichnungen, gestylte Websites, eindrucksvolle Versprechungen. Kratzen Sie an der glänzenden Oberfläche, bis Sie Substanz darunter finden.

Aber wie können Sie dieses Substanzielle identifizieren und ihm auf die Spur kommen? Anders gefragt: Worauf sollten Sie bei einem Erstgespräch achten?

II.3 Stellen Sie die richtigen Fragen

«Fragensteller sind Weichensteller.»
Hans L. Davi

Erfragen Sie das, was Sie ganz persönlich an Ihrem Gegenüber interessiert. Solange Sie sich dabei auf Professionalität, Erfahrung und Qualifikation beziehen, sollte Ihr Gesprächspartner keine Antwort schuldig bleiben. Die folgenden Fragen können Ihnen als Vorlage dienen.

● **Die Qualifikationsfrage**

Zum Beispiel: «Mich interessiert, welche Qualifikationen die Grundlage Ihrer Arbeit bilden ...»

Die Antwort auf die Qualifikationen ist die «Pflicht» für den Berater (zur «Kür» erfahren Sie weiter unten mehr). Empfehlen kann sich ein Berater, wenn er eine fundierte Beratungsausbildung nachweisen kann, die zwölf Ausbildungstage nicht unterschreiten sollte.

«... und in welcher Zeitspanne haben Sie diese Qualifikationen erworben?»

Die Ausbildung sollte sich mindestens über ein halbes Jahr erstrecken. So genannte «Intensiv-Kurse», die alles in einem Rutsch durchpauken, dienen als «schnelle Brüter», haben aber den Nachteil, dass sie kaum Entwicklungs- und Ausprobierphasen zulassen.

Tipp: Es spricht nichts dagegen, sich die genannten Qualifikationsnachweise zeigen zu lassen. Schließlich führen Sie hier ein formelles Bewerbungsgespräch!

- **Die Reflexionsfrage**

Ein Beispiel: «Sie stehen anderen mit Rat und Tat zur Seite. Welche Mittel der Selbstreflexion/Selbsterfahrung haben Sie selbst in Anspruch genommen?»

Diese Frage mag sich für den Laien seltsam anhören, eine entsprechende Antwort kann jedoch rasch erhellen, wie «reflektiert» der Berater in Bezug auf seine eigene Person ist. Hat er es bislang vermieden, den Blick ins eigene Innere zu werfen? Dann könnte er mit dieser Aufgabe auch bei anderen Menschen leicht überfordert sein.

Ein zweiter Grund, der die Selbstreflexion in den Rang einer wichtigen Voraussetzung hebt, ist der, dass Berater stets Bescheid wissen sollten über ihre Ecken, Kanten und Unzulänglichkeiten; damit begegnen sie ja täglich ihren Kunden. Zwar garantiert die kritische Distanz zu sich selbst nicht den Erfolg in der Beratungsarbeit. Aber ein Berater, der sich den ausleuchtenden Einblick in seine eigene Denk- und Gefühlswelt spart, gleicht einem Chirurgen, der in einem Operationsfeld herumschneidet, ohne genau zu wissen, von welcher Beschaffenheit, Größe und Schärfe das Messer ist, mit dem er sich durchs Gewebe seiner Patienten ritzt.

Ist diese Frage denn wirklich nötig?

Gerade unter männlichen Klienten lässt sich eine Scheu beobachten, diese vergleichsweise intime Frage nach der persönlichen Reflektiertheit zu stellen. Die Zurückhaltung ist verständlich. Gleichzeitig birgt sie die Gefahr, dass genau in deren

Schatten jene «Berater» gedeihen, welche ihr eigenes «Ego» nie unter die Lupe genommen haben – und für Rat suchende eher eine Gefahr als eine Hilfe darstellen. Als ermutigender Vergleich bietet sich das klassische Bewerbungsgespräch an. Hier hat sich die Erkenntnis durchgesetzt, dass seriöse Zudringlichkeit durchaus Sinn macht, um den erhofften Erfolg zu erzielen.

Qualifikationen sind nicht alles

Der Nachweis von Qualifikationen ist zwar wünschenswert, umgekehrt kann jemand auch ein guter Berater sein, obwohl er keine entsprechenden «Ausbildungsscheine» vorzuweisen hat. In diesem Fall liegt es am Berater selbst, bei seinem Kunden das Vertrauen für eine Zusammenarbeit zu erwecken (und zu bestätigen).

• **Die Methodenfrage**

Ein Beispiel: «Es gibt ja sehr unterschiedliche Beratungsansätze. Können Sie mir Ihre persönliche Vorstellung von Beratung erläutern?»

Nach der Pflicht folgt jetzt also die Kür. Hier kann sich Ihr Berater nachhaltig empfehlen: durch verständliche und nachvollziehbare Antworten; etwa auf die Frage, wie er seine Rolle interpretiert. Auch wenn Ihnen dieser Aspekt (oder ihn direkt anzusprechen) ungewohnt erscheint, Ihren Berater überrascht es hoffentlich nicht. Er sollte ohne Zögern Auskunft geben. Geschieht dies nicht oder werden Sie gar mit inhaltsleichten Sätzen abgespiesen («der Mensch steht bei mir im Mittelpunkt» oder «Ich arbeite klientenzentriert/ökologisch/ganzheitlich»), dann nehmen Sie dies wohlwollend zur Kenntnis, haken aber gleich nach, wie sich das konkret äußert. Gelingt es dem Berater, Sie mit der folgenden Antwort zu überzeugen: sehr gut. Verstärkt er mit seinen Angaben weiter den schwachen Eindruck, der sich bereits abgezeichnet hat – auch gut. Sie wissen nun mehr, haben Zeit und Geld gespart.

- ## Die Kostenfrage

Die Kosten sind eine Größe, zu der hier Richtwerte genannt werden können, aber keine exakte Zahlen (oder Empfehlungen). Im Einzelfall müssen Sie selbst entscheiden, wie viel Ihnen eine Beratung bei welcher Person wert ist. Die Sätze für eine 45-minütige Sitzung bewegen sich bei Profis zwischen 80 und 400 Euro, Tagessätze liegen zwischen 500 und 4500 Euro. Natürlich existieren auch günstigere Beratungsangebote; ebenso ist nach oben hin keine offizielle Grenze gesetzt. Dabei gilt: Bekannte Berater sind begehrt und allein schon deshalb oft deutlich teurer. Preiswertere Fachleute, die weniger bekannt sind, können unter Umständen die gleiche Leistung bieten. Wichtiger ist, dass Sie als Klientin/Klient griffige Kriterien zur Hand haben, um einen Berater einschätzen zu können. Nach diesem Kapitel sollten Sie dafür gerüstet sein.

- ## Die Zeitfrage

Welcher Zeitraum ist angemessen, um eine intensive persönliche Beratung zu leisten? Grundsätzlich jede Zeitspanne, die Ihnen sinnvoll erscheint. Sie können einen 45-minütigen Termin in Anspruch nehmen oder eine mehrtägige Beratung. Zwischen diesen Extremen sind viele Zeitabschnitte denkbar. Wenn Sie noch unschlüssig sind, helfen folgende Stichpunkte bei der Orientierung:

Die klassische Beratungssitzung

Die klassische Beratung erstreckt sich über acht bis zwölf Sitzungen. Diese dauern zwischen 45 und 90 Minuten und werden mit einem Erstgespräch eröffnet. Im Verlauf dieses Termins (oder unmittelbar nachher) entscheiden Auftraggeber und Berater, ob sie weiterhin miteinander arbeiten wollen.

Geht es um einen schwierigen Fall?

Je mehr Lösungsversuche Sie bereits unternommen haben, je länger Sie das zu bearbeitende Thema bereits mit sich herumtragen, umso sinnvoller kann es sein, die Beratungssitzungen über einen längeren Zeitraum beizubehalten (statt lediglich ein oder zwei Termine zu veranschlagen).

Wieviel Ausdauer haben Sie?

Dauert eine Beratung länger als 90 Minuten, kann eine rein dialogbasierte Zusammenkunft den Klienten schnell ermüden. Denn Beratung ist ganz wesentlich auch eine Kräftefrage. Dieser Punkt wird häufig übersehen und gefährdet mitunter das Vorhaben. Selbst wenn Sie ein Ganztages-Coaching an der Seite eines fähigen Coaches relativ gut überstehen, ist es doch die Frage, ob Ihnen das auch noch am Ende einer anstrengenden Arbeitswoche gelingt.

Also: Nicht nur die Netto-Länge der Beratung ist entscheidend, sondern auch, wie aufnahmefähig Sie zu diesem Zeitpunkt noch sind. Gerade leistungsorientierte Menschen, die es gewohnt sind, ihren Tageskalender über das gute Maß hinaus mit Terminen zu füllen, tun gut daran, hier einen Moment innezuhalten – und zu überlegen, was wirklich sinnvoll ist.

Vorschlag

Gehen Sie verschwenderisch um mit Ihrer Zeit. Reservieren Sie Ihrem persönlichen Beratungsvorhaben jenen Platz, den es benötigt und als ernsthaftes Vorhaben verdient.

Stimmen Sie den zeitlichen Abstand zwischen den einzelnen Beratungssequenzen auf Ihre persönlichen Bedürfnisse ab. Verabreden Sie eine vorläufige Zahl von Treffen, die bis zu einer anders lautenden Vereinbarung gültig ist. Achten Sie darauf, dass zwischen den einzelnen Sequenzen genügend Zeit liegt, um Erkenntnisse umzusetzen und neue Verhaltensweisen zu testen. Andererseits sollte der Abstand zwischen den einzelnen Treffen so gewählt sein, dass der rote Faden nicht verloren geht.

Ordnung im Berater-Dschungel durch Zertifizierung und Verband?

Im Zusammenhang mit dem Thema Qualität wird von so genannten Coaching-Verbänden gerne auf entsprechende Zertifizierungen verwiesen. Natürlich nicht ohne darauf hinzuweisen, dass sie selbst, der Verband, eine solche im Angebot führen.

Dabei handelt es sich um den klassischen Versuch, mit institutionellen Mitteln Ordnung zu schaffen, bei unübersichtlichen Verhältnissen: Man richtet einen Verein oder Verband ein, der seine Mitglieder auf bestimmte (Qualitäts-)Kriterien festlegt – in diesem Fall hinsichtlich Ausbildung und Qualifikation. Geht die Rechnung auf, dann gelingt es ausschließlich «fähigen» Bewerbern, die entsprechende Zertifizierung zu erlangen. Zu erkennen sind diese Berater dann am Verbandskürzel hinter ihrem Namen.

Berater durch den TÜV – und alles ist gut?!

In der Tat scheint hier eine Möglichkeit gefunden, zumindest grob zu unterscheiden, welche Berater sich der Mühe einer anerkannten Professionalisierung unterworfen haben – und welche nicht. Aber: Ohne die gute Absicht eines solchen Vorgehens in Abrede zu stellen, leisten wir uns an dieser Stelle einige Anmerkungen bezüglich der Grenzen von Zertifizierungsmaßnahmen.

I. Der Zertifizierungsgedanke legt den Schluss nahe, dass einmal geprüfte Verbandsmitglieder allesamt gute Arbeit leisten, weil sie eine Art von Beratungs-TÜV durchlaufen haben. Ist das tatsächlich zu erwarten? Führen Sie sich einmal die unterschiedliche Qualität von Dienstleistungen im Handwerk vor Augen. Allesamt mit Qualitätsprädikaten ausgestattet, teils mehrfach geprüft, liefern so genannte «Experten» höchst unterschiedliche Qualität ab. Dass dies im Bereich der Beratung anders sein sollte, wäre auf einem anderen Weg nachzuweisen als auf dem der Behauptung.

II. Wer vorsortiert, wie die entsprechenden Verbände dies tun, liefert damit eine Dienstleistung. Doch ist das für den Kunden sinnvoll?

Aus gutem Grund sollte der Klient selbst sich der ergiebigen Mühe unterziehen – und mit trennscharfen Kriterien auf die Suche nach seinem persönlichen Berater gehen. Schließlich geht es nicht um irgendeine Anschaffung, sondern um die Chance, mit einem exzellenten Gesprächs- und Gedankenpartner das Besondere zu erzielen.

III. Viele hervorragende Berater zeichnen sich durch eine ausgeprägte Individualität aus. Anders formuliert: Sie sind als anspruchsvoll – im Sinne der Unabhängigkeit – zu beschreiben. Dies macht es eher unwahrscheinlich, dass sie einem (wie auch immer gearteten) Verband beitreten und sich dessen Maximen unterordnen.

Wenn Sie sich also bei Ihrer Suche ausschließlich an der Verbandsmitgliedschaft orientieren, wird diese Gruppe der Berater durch das Raster fallen.

II.4   Räume machen Beratung

Während die verschiedenen Beratungsansätze in der entsprechenden Fachliteratur aufmerksam besprochen werden, ist dem Ort selbst, an dem die Beratung stattfinden soll, meist weniger Aufmerksamkeit vergönnt. Dabei erweist sich die Ortswahl als eine wichtige Ressource im Hinblick auf eine exzellente Beratung.

Hauptsache ein Dach über dem Kopf, oder?

«Wir sollten uns zu den vereinbarten Terminen jeweils in meinem Büro treffen», sagt Produktingenieur Nikolai Worodin zum Abschluss des Vorgesprächs mit seinem zukünftigen Berater. Ohne Zögern wird der Mittelpunkt seiner täglichen Arbeit, das Büro, zu dem Ort gekürt, an dem er mit seinem Berater firmeninterne Schwierigkeiten besprechen will. Mit dieser Ortswahl gewinnt Worodin Zeit; der Klient muss keinen langen Weg zurücklegen. Allerdings birgt diese Lösung auch Nachteile. Mehr dazu auf Seite 144.

Raum und Anlass

Wer im Vorfeld einer Beratung die Räumlichkeit anspricht, muss sich des Verdachts erwehren, sich mit Nebensächlichem aufzuhalten. Eine äußerliche Form wie der Raum, so die Überlegung, kann doch nicht entscheidend sein, wenn es in der Sache selbst, also im Gespräch, professionell zugeht.

Andererseits ahnen wir aber, dass der Beschaffenheit des Raumes eine besondere Bedeutung zukommt. Schließlich schützen wir eine Hochzeit, einen Geburtstag oder eine Jubiläumsfeier vor jeder Beliebigkeit in der Raumwahl; die entsprechende Umgebung, so lautet die Forderung, ist stets dem Anlass gemäß zu wählen.

Was für Festtage gilt, das gilt auch für den besonderen Anlass der Beratung. Es gibt Therapeuten und Berater, die den

Raum als jenes «Nadelöhr» bezeichnen, durch das jeder inhaltliche Erfolg erst einmal klettern muss, wenn er einer werden will.

Wir halten an dieser Stelle fest: Der Ort, welcher gedanklich am nächsten liegt, ist nicht unbedingt der geeignete (Stichwort Büro). Es schließen sich Hinweise an, die Ihnen helfen, die passende Umgebung für Ihren Beratungsanlass zu wählen.

Jeder Raum hat eine Geschichte

Ziehen Sie in Betracht, dass Sie mit jedem Ort auch die Geschichten und Ereignisse «kaufen», die Sie dort erlebt haben: die schönen und die weniger schönen. Aus wahrnehmungspsychologischer Perspektive besteht der räumliche Ort nicht nur aus der aktuellen Gegenwart, sondern spiegelt immer auch die Erlebnisse der Vergangenheit. Führen Sie – wie Nikolai Worodin (zu Beginn dieses Kapitels) – dort häufig konfliktbehaftete Gespräche, ist es wahrscheinlich, dass Sie sich von dieser Atmosphäre nicht lösen können. Deshalb suchen erfahrene Berater gerne einen alternativen Ort auf, um die Beratung von negativen Assoziationen fernzuhalten.

Unter diesem Gesichtspunkt scheint es im Sinne der Beratung, statt des Arbeitsplatzes einen neutralen Ort zu wählen: Bringen Sie Distanz zwischen sich und Ihren Schreibtisch. Und sei es nur für diese eine Stunde! Eine solche Distanznahme hilft nicht nur, emotionalen Ballast abzuschütteln, sondern erleichtert es, Größen- und Bedeutungsverhältnisse in Ihrem beruflichen Umfeld neu zu ordnen.

Den Raum neu denken

Überhaupt: Wer sagt denn, dass eine büroähnliche Umgebung am besten geeignet ist für eine Beratung? Leisten Sie sich die Freiheit zu «experimentieren»:

Können Sie sich bestens konzentrieren, wenn Sie am Wasser entlanggehen? Dann sollten Sie sich diese Umgebung auch gönnen. Ein hoher Prozentsatz europäischer Städte besitzt im Umkreis von zehn Kilometern einen Fluss oder ein anderes Gewässer. Was bedeutet schon dieser Aufwand, wenn dort die entscheidende Inspiration auf Sie wartet?

Brain-Walk – Beratung in Bewegung

Brain-Walk nutzt das Zusammenspiel von körperlicher Bewegung und gedanklichem Fortschritt. Zu diesem Zweck verlassen beide (Berater und Klient) Stuhl und Schreibtisch. Zusammen begeben sie sich auf einen vorher festgelegten Weg. Je nachdem, wie lange der Ausflug dauert, pflegen die Gesprächspartner für eine oder mehrere Stunden einen intensiven Austausch. Die Mischung aus körperlicher Bewegung, angenehmerer Umgebung und intensivem Gespräch schafft einen Rahmen, welcher von vielen Klienten als anregend erlebt wird. Zeitlich stark eingebundene Manager buchen einen Brain-Walk-Begleiter für ihre Geschäftsreise.

Der Brain-Walk besteht in folgenden Varianten:

I. Der Punch-Walk: Der Klient möchte zusammen mit dem Berater eine bestimmte These, Haltung oder Position prüfen (Haltbarkeit, Realisierung etc.).

II. Der Topic-Walk: Grundsätzlich gelten hier dieselben Bedingungen wie für den Punch-Walk. Jedoch weicht der disputative Charakter einem freien Gespräch zu einem vorher vereinbarten Thema.

III. Der Info-Walk: Der Berater referiert für Sie über ein vereinbartes Thema (zum Beispiel in Zusammehang mit einer Aufgabenstellung). Eine klärende Diskussion oder ein vertiefendes Gespräch schließen sich an.

Sie entspannen am besten beim Angeln, Golf spielen oder beim Espresso in Ihrem Lieblingsbistro? Weshalb vergeuden Sie dann teure Zeit mit Ihrem Berater im Büro? Lassen Sie Ihre Fantasie walten. Achten Sie lediglich darauf, dass Sie eine Umgebung wählen, die nicht um Ihre Aufmerksamkeit konkurriert (oder vom Thema ablenkt). Vielmehr sollte der Raum Ihr Vorhaben auf angenehme Weise umspielen und begleiten.

Nun haben Sie Ihren Berater gefunden und mit ihm den äußeren Rahmen abgesteckt. Sehr gut! Doch jetzt nicht gleich zurücklehnen – jedenfalls nicht zu weit. Wie bei jeder Investition, die Ergebnisse zeitigen soll, ist eins gefragt: Controlling.

II.5 Vertrauen ist gut – Kontrolle auch

«Immer zu misstrauen ist ein Irrtum,
wie immer zu trauen.»

Johann Wolfgang von Goethe

Wenn Sie die Beratung mit einem Controlling verbinden, dann bedeutet das nichts anderes, als dass Sie, wie im wirtschaftlichen Kontext üblich, auch in persönlichen Dingen Qualitätsmaßstäbe anlegen (hinsichtlich Transparenz, Verlauf und Ergebnis).

- **Perspektiven-Controlling: Gewinnen Sie hilfreiche Perspektiven?**

Ausgezeichnete Beratung eröffnet «Spielräume» und lockert «festgetretenen Boden». Zwar kann auch eine professionelle Zugangsweise (in der Regel) keine Wunder vollbringen. Allerdings verfehlt sie komplett ihren Auftrag, wenn es ihr nicht gelingt, bislang unbedachte Optionen und Ideen ins Spiel zu bringen. Was auch immer in einer Beratung geschieht, Sie dürfen mindestens den einen Gewinn erwarten, dass Ihr Thema vertiefend und klärend bearbeitet wird.

So können Sie dabei vorgehen

Stellen Sie sich nach jedem Treffen die Frage: «Was hat mir heute weitergeholfen? Was ist mir klar geworden?» Finden Sie an zwei Terminen nacheinander keine konkrete Antwort, sollten Sie Ihren Berater mit diesem Ergebnis konfrontieren.

Beispiel

Ein Klient steht kurz davor, seinen Arbeitsplatz zu kündigen, den er mittlerweile als wenig angenehm empfindet. Im Fortgang der Beratung erweitert sich die bislang stark angstbesetzte Option zu einer Perspektive, welche eine Chance bietet. Der Klient sieht in diesem Schritt eine Möglichkeit zur beruflichen Neuorientierung.

Um einem Missverständnis vorzubeugen: erfolgreich ist eine Beratung nicht deshalb, weil der Berater vor Ideen sprudelt und er die Klientin damit zuschüttet. Eine erfolgreiche Beratung erschließt behutsam neue Wege. Der Klient erkennt dies daran, dass er sich mit weiterführenden Perspektive nach und nach anfreunden kann, im Fortgang der Gespräche, ohne in irgendeiner Weise dazu gedrängt zu werden.

- **Ziel-Controlling**

Ein professioneller Berater legt mit Ihnen zusammen fest, wie ihr zentrales Anliegen lautet und welche Ziele Sie anstreben mit der Zusammenarbeit. Dieser erfolgskritische Punkt sollte bereits im ersten Treffen thematisiert werden: hartnäckig und akribisch, bis zur Zielformulierung.

Ist das geschafft, gilt für die weitere Beratung: Diese Wünsche geben zwar eine wichtige Orientierung. Aber Ziele sind - wie im täglichen Leben - häufig das, was man festlegt, während das Leben anderes bereithält. Anders formuliert: Nicht immer entwickelt sich die Beratung in die erwartete Richtung. Es gilt, offen zu sein für das Unerwartete.

Ein Berater, der seine professionellen Möglichkeiten ausschöpft, hat dies im Blick. Er überprüft während des Prozesses mit Ihnen zusammen, ob die ursprünglich festgelegten Ziele noch angemessen sind, ob sie modifiziert oder umformuliert werden sollten.

Beispiel

Claudia Martinez, seit zwei Jahren Leiterin der Gefäß-Chirurgie einer Schweizer Universitätsklinik, möchte dringend ihre Prioritäten überdenken – speziell im Verhältnis von Familie und Karriere. Sie will Beruf und Privatleben (wenn möglich) neu ordnen. Im Verlauf des Beratungsprozesses wird deutlich, dass ein weiteres Thema im Thema besteht. Konkret: das wechselhafte, konfliktreiche Verhältnis zu ihrem Lebenspartner. An dieser Stelle ist der Berater aufgefordert, dem neuen Thema die verdiente Aufmerksamkeit zu verschaffen, um gemeinsam mit der Klientin die festgelegten Ziele zu überprüfen bzw. das weitere Vorgehen abzusprechen.

Ihr «gesunder Menschenverstand» verweist solche Überlegungen vielleicht in den Bereich des Selbstverständlichen. Die Praxis zeigt jedoch, dass eine Beratung schnell unübersichtlich wird, wenn die Beteiligten – speziell der Fachmann – nicht strukturierend eingreifen.

• Kräfte-Controlling

Ein Beratungstermin, der sich über mehr als 90 Minuten erstreckt, stellt hohe Anforderungen an die Konzentration sowie das Durchhaltevermögen. Wenn Sie diese Tatsache nicht abschreckt, dann benötigen Sie für Ihre «Maxi-Beratung» einen Fachmann. Dieser wechselt vorausschauend und rechtzeitig die Beratungsmethoden und erkennt, wann es Zeit ist für eine Pause. Auf diese Weise beugt er der Ermüdung vor.

Aber vielleicht ist Ihr Berater immer noch topfit, während er bei Ihnen die Anzeichen der Ermüdung nicht erkennt. Machen Sie ihn darauf aufmerksam!

• Sprach-Controlling

Stellt sich Ihr Berater sprachlich auf Sie ein? Oder versucht er, den so genannten «Weisskittel-Effekt» für sich zu nutzen, indem er genüsslich allerlei Fachsprachliches zelebriert, ohne ausreichend sicherzustellen, dass Sie auch verstehen, was er meint? Weisen Sie ihn darauf hin, wenn Ihnen etwas nicht klar ist. Häufen sich diese Vorfälle, sollten Sie erwägen, den Berater zu wechseln. Ihre Zeit ist zu kostbar, um sie jemandem zu schenken, der sich nicht auf Sie einstellt.

Möchten Sie Ihren kritischen Blick für die Beratung weiter schulen? Dann lesen Sie das folgende Kapitel. Es handelt sich um eine Analyse dreier wesentlicher Komponenten in der Beratung:

II.6   Controlling für Fortgeschrittene

Die Effektivität einer Beratung muss sich auch daran messen lassen, wie gut diese integriert, was sich hinter den folgenden Begriffen verbirgt:

- • Komplexität,
- • Autorität,
- • Transfer.

• Komplexität

Die Welt, in der Menschen leben und gestalten, erscheint als zunehmend komplex, vielschichtig, auch wenig vorhersehbar. Insofern ist es fast die Norm, dass unser Handeln bei näherem Hinsehen stets mit einem hohen Unsicherheitsfaktor belegt ist. Mögen Entscheidungsträger auch den Eindruck erwecken, sie hätten alles im Griff, so spüren die Aufmerksameren: Es bleibt ein gewisses Maß an Unberechenbarkeit und Nicht-Planbarem.

Lebenspraktisch bedeutet dieser Unsicherheitsfaktor: Entscheidungen gestalten sich schwierig, Konsequenzen individuellen Handelns sind nur bedingt abschätzbar, die Strategie «Versuch und Irrtum» (Englisch: «Trial and Error») gehört zum modernen Menschen wie das Auto. Und hinter der Bühne, auf welcher die Würfel fallen, lauert stets die Frage, ob im Prozess nicht Wichtiges übersehen wurde, Nebensächliches ins Zentrum der Aufmerksamkeit gerückt worden ist.

Weil Menschen diese Erfahrung machen, dass unsere Welt in den letzten Jahrzehnten tatsächlich stark an Unübersichtlichkeit gewonnen hat, entsteht auf der anderen Seite das Bedürfnis, die Kontrolle mit einfachen Rezepten und schnellen Lösungen wiederzugewinnen.

Wird dieser Wunsch allerdings vom Beratungs-Profi bedient, so ist der Beratungserfolg gefährdet. Helfer, welche dazu neigen, blitzschnell zum Punkt – und damit zur Lösung – zu kommen, arbeiten der Verschwendung von Zeit und Ressourcen in die Hände. Denn Ideen, welche der Komplexität der Verhältnisse nicht gerecht werden, greifen stets zu kurz. Gute Berater sind sich dieser Gefahr der Vereinfachung bewusst. Sie unterscheiden sorgfältig, welche Einzelheiten und Perspektiven im Einzelfall vernachlässigbar sind und welche nicht.

Zu erkennen sind solche Berater an einer Langsamkeit, die gut tut, sowie an einer Genauigkeit, die etwas länger hinsieht als notwendig (erscheint).

• Die Autorität

Autorität ist eng verwandt mit Dominanz und Überredung. Ein Berater, dem diese heikle Beziehung bewusst ist, wird seine Rolle entsprechend gestalten. Insbesondere schützt er seine Klienten vor dem Übergewicht seiner eigenen Bedeutung. Wie sieht das aus?

In einer solchen Beratung erhält der Klient viel Raum, um eigenverantwortlich die gesuchten Alternativen, Strategien und Lösungswege zu entwickeln. Der Berater unterstützt ihn dabei – hellwach und methodisch angemessen. Natürlich verzichtet er nicht darauf, eigene Ideen und Entwürfe beizutragen. Allerdings tut er dies immer mit der gebotenen Zurückhaltung. Die Lösung muss der Klientin «passen», nicht dem Berater.

- **Der Transfer**

> «Am Anfang war die Kraft.»
> Paula Modersohn-Becker

Die Laborsituation der Beratung bringt es mit sich, dass Lösungsideen auftauchen, von denen zunächst nicht klar ist, ob sie überhaupt tauglich sind. Der Realitätstest findet später statt, im Alltag. Dort zeigt sich, dass jede Idee und jeder Plan genau so gut ist, wie dafür Ressourcen zur Verfügung stehen, um den Transfer in die Praxis zu gewährleisten.

An diese Stelle ist der professionelle Berater gefordert. Er stellt zum richtigen Zeitpunkt die passenden Fragen. Und klärt gemeinsam mit dem Klienten, ob und auf welche Weise das, was sich überzeugend anhört, auch umsetzbar ist.

Beispiel

Zwar setzt bereits die Aussicht auf eine Lösung Energien frei, welche einen Erfolg wahrscheinlicher machen. Dennoch bedeutet die Idee noch nicht den Erfolg selbst. In diesem Sinn hat Frau Gerster, Managerin in einem Warenhauskonzern, erst den halben Weg zurückgelegt, als sie sich (aus gutem Grund) dazu entschließt, mehr und ausführlicher mit den Mitarbeitern ihrer

Abteilung zu sprechen. Doch woher die Zeit und Energie nehmen – für intensive Unterredungen unter vier Augen? Wie kann diese drängende Aufgabe gelöst werden, angesichts eines ohnehin randvollen Arbeitstags, der einer weiteren kräftezehrenden Ergänzung nicht bedarf? Berater und Klientin splitten diese Frage auf in eine ganze Reihe von untergeordneten Fragen. Diese kreisen um folgende Themen: Delegation, Entspannung, Auszeit sowie ganz allgemein Zeitmanagement.

Zur Akzeptanz von Beratung – Mit zweierlei Maß

Wenn der Manager eine Beratung aufsucht, dann gibt er damit zu, dass er es alleine nicht schafft – dass er Unterstützung benötigt. Nach der Definition (die jede Wissensgesellschaft sich selbst gibt), befinden sich Ratsuchende, die ihr Defizit eingestehen, in einem Zustand, den unbedarfte Dritte mit «Schwäche» oder «Unfähigkeit» gleichsetzen können.

Kontext «Unternehmen»

Kapitalgesellschaften werden in solchen Fällen anders beurteilt: als klug vorausschauend nämlich. Wirtschaftsunternehmen rekrutieren Berater offen und ohne Schaden an ihrem Image. Der Grund: Im Bereich der Betriebswirtschaft ist ein Bewußtsein dafür entstanden, dass der stetig sich verdichtende Dschungel aus Kennzahlen, Strategien und Technologien auch den klügsten Verstand überfordert. Ganze Herden von Beratern leben gut davon, dass Unternehmen erkannt haben: Gezielter Input ist notwendig. Ja, für gewisse Dinge fehlt uns vollständig das Know-how.

Einzeln oder organisiert (Gesellschaften, Kooperationen) helfen Beratungsprofis mit, den festgestellten

Mangel auszugleichen. In der Tat winkt dem Unternehmen, welches einen kompetenten Profi gewählt hat, ein Nettogewinn an Perspektiven, Einsichten und Anstößen. Dass diese Erkenntnisse nicht immer sachgerecht umgesetzt werden, disqualifiziert nicht den Beratungsgedanken. Es qualifiziert diesen vielmehr für ein Forschungsvorhaben; um zu klären, warum der Transfer in die Praxis zu häufig scheitert.

Kontext «Person»

Weit weniger akzeptiert (und anerkannt) ist die individuelle, an der einzelnen Person orientierte Beratung. Selten nimmt ein Manager aus der ersten oder zweiten Führungsebene persönliche Beratung in Anspruch. In jedem Fall wird er genau abwägen, wem er von diesem Vorhaben berichtet und wem besser nicht.

Während es unserer Gesellschaft also relativ leicht fällt, anzuerkennen, dass ein Unternehmen – sogar bei herausragenden Bilanzen – gut dran tut, nicht nur mit sich selbst, sondern auch mit anderen zu Rate zu gehen, setzt sich diese Erkenntnis auf individueller Ebene noch nicht durch: In Zahlen ausgedrückt, nimmt nur jeder fünfte Top-Manager ein Treffen mit einem Coach oder einer Supervisorin in Anspruch. Dabei belegt die Soziologie, dass die (im Schnittpunkt von Privat-, Karriere-, und Unternehmensbelangen zu verarbeitende) Komplexität für die Verantwortlichen kaum mehr «unfallfrei» zu bewältigen ist. Im Licht dieser Analyse scheint die individuelle Leistung, einsam Strategien zur Verarbeitung der eigenen komplexen Existenz zu entwickeln, entweder ein Sonderfall geglückten Lebens zu sein – oder eine absichtliche Selbstbescheidung. Der Träger dieser «Bescheidenheit» ist aber kein Held, sondern gibt sich vermutlich damit zufrieden, unter seinen Möglichkeiten zu bleiben.

Ausblick

Die Aussicht scheint gering, dass in naher Zukunft in den Unternehmensrichtlinien ein Anspruch auf Individualberatung verbrieft wird. Also bleibt es den Beteiligten selbst überlassen, gängige Vorurteile zu überwinden.

Gut beraten ist, wer sich nimmt, was ihm notwendig scheint; wissend, dass in einer Welt des steten Wandels dieses «Ausnahmeverhalten» morgen schon Normalität sein kann.

Im folgenden Glossar finden Sie Begriffe, die Ihnen des Öfteren begegnen, auf der Suche nach einem Berater/einer Beraterin. Anbieter von Beratungsleistungen verwenden diese Prädikate, um sich zu beschreiben und zu profilieren (und für sich zu werben). Aber nicht immer löst die Realität ein, was das Prädikat doch so laut versprach.

II.7   Glossar zur Persönlichen Beratung

«Fische fängt man mit Angeln,
Menschen mit Worten.»
Deutsches Sprichwort

- Psychologe, diplomiert
- systemisch
- Work-Life-Balance
- NLP
- Top-Coach

Zu jedem dieser Begriffe finden Sie nachfolgend einen «Best Case». Dieser erläutert, wofür die Bezeichnung im günstigsten Fall steht (Geltungsbereich Deutschland). «Worst Case» stellt dar, was sich leider auch dahinter verbergen kann. Jede Erörterung schließt mit einem Praxistipp. Dieser unterstützt Sie bei der Suche nach einer professionellen Begleitung für Ihre Auszeit.

- **Der Psychologe, diplomiert**

Best Case

Hier bietet ein Berater seine Dienste an, der sich den Mühen eines mindestens achtsemestrigen Psychologiestudiums unterzogen hat. Er hat sich mit wissenschaftlicher Genauigkeit den seelischen Vorgängen im Menschen gewidmet. Gesellen sich zur akademischen Vorbildung (die als solche noch keine hinreichende Voraussetzung für Beratungsleistungen darstellt), eine qualifizierte Zusatzausbildung sowie eine gefestigte Persönlichkeit, bildet dies eine fundierte Basis, um Rat suchenden Menschen professionell zu begegnen.

Worst Case

Eine Person, die hofft, dass sich angesichts ihres Titels «Psychologe/Psychologin» alle Fragen und Nachfragen (die persönliche Beratungsqualifikation betreffend) von selbst erledigen. Der Kunde möge gefälligst in der gebührenden Ehrfurcht erstarren vor dem diplomiert Seelenkundigen – und ihn nicht mit Nachfragen belästigen. Insbesondere solchen, deren Antworten ihn (den unmündigen Klienten) ohnehin überfordern würden. Im schlimmsten Fall hat dieser «Profi» seine persönlichen psychischen Unzulänglichkeiten zum Thema seines Universitätsstudiums gemacht. Ohne dass dieses Unterfangen von einer Erkenntnis gekrönt worden wäre, die ihn hätte beratungsfähig machen können.

Tipp: Nehmen Sie die Psychologie als eine seriöse wissenschaftliche Qualifikation wahr, die einen ersten Unterschied schafft. Aber entlasten Sie sich nicht davon zu prüfen, ob Persönlichkeitsprofil und Zusatzqualifikation Ihres Gegenübers den ersten guten Eindruck auch bestätigen.

- **systemisch(e Arbeitsweise)**

Best Case

Ein Berater, der sich auf die Systemtheorie und das so genannte systemische Arbeiten versteht, hat sich mit anspruchsvoller Theorie befasst. Allerdings sind die Disziplinen des systemischen Ansatzes weit verzweigt: von der Individualberatung über die Strategieentwicklung bis hin zur Organisationsberatung.

Wie der Name es nahelegt, steht im Mittelpunkt des systemischen Vorgehens das System selbst. Damit gemeint ist ein einzelner Mensch, eine Familie, eine Gruppe oder auch ein ganzes Unternehmen. Besonderen Wert legen «Systemiker» darauf, dass eine Lösung nicht von außen aufgesetzt wird. Berater und System entwickeln diese gemeinsam. Interventionen, das heißt Lösungsideen des Beraters, werden meist im Modus der Vorsicht als ein Angebot an das System (hier den Klienten/die Klientin) formuliert. Dem Adressaten steht es frei, abzulehnen oder anzunehmen, ohne sich für seine Entscheidung rechtfertigen zu müssen. Dieses Prinzip beschreibt lediglich einen, wenn auch wichtigen Aspekt systemischer Arbeitsweise.

Worst Case

Systemisches Arbeiten ist – vermutlich auch aus Gründen der Qualität – en vogue. Eine solche herausgehobene Position bringt es aber auch mit sich, dass sich Berater gerne mit dieser Feder schmücken; auch wenn es ihnen an den notwendigen Grundlagen fehlt. In der Praxis bedeutet dies, dass Berater – zum Beispiel nach einer zweitägigen Schnellbleiche in systemischem Arbeiten – ihre Tätigkeit mit «systemisch» überschreiben (und damit auf «Kundenfang» gehen). Fragen Sie nach, was der Betreffende tatsächlich unter systemischem Arbeiten versteht, dann sind vage Formulierungen zu vernehmen. Etwa, dass alles heute «ziemlich komplex» sei und man deswegen «ganzheitlich», also «systemisch» vorgehen müsse. Nachhaken dient hier nicht nur der Unterhaltung, sondern hilft die Spreu vom Weizen trennen.

Tipp: Stoßen Sie freundlich, aber bestimmt mit dem Finger durch die Tapete, indem Sie die Fort- und Weiterbildung detailliert erfragen und auf deren tatsächlichen Gehalt hin prüfen (siehe oben). Außerdem sollte ein systemischer Berater, der weiß, was er tut, überzeugend Auskunft geben können: Fragen Sie, was er anders macht. Geben Sie ihm dadurch Gelegenheit, sich im guten Sinn zu profilieren. Aber Achtung: Im Vordergrund stehen nicht Schlagfertigkeit und Rhetorik, sondern ein überzeugender Einblick in die Praxis.

• Work-Life-Balance

Best Case

Im günstigen Fall stehen diese drei Worte für eine spezielle Leistung, deren Anbieter sich auskennt in existenziellen Balancen wie auch in Disbalancen. «Work-Life-Balance» ist ein eingängiger Ausdruck für den wachsamen und professionellen Umgang mit der Tatsache, dass das Verhältnis von Arbeit und Freizeit, von Beruf und Privatem, nicht ein für alle Mal festgelegt wird, sondern regelmäßig neu ausgehandelt und balanciert werden muss; entsprechend veränderten Wünschen, Vorstellungen und Bedingungen in Ihrer Lebensführung.

Worst Case

Im ungünstigen Fall stoßen Sie hier auf eine sprachliche Seifenblase. Im Munde geführt von einem Trainer oder Berater, der fortgesetzt die «Leichtigkeit des Seins» verspricht. Diese wartet selbstverständlich hinter der nächsten Ecke (seines Schreibtisches) auf die Kundschaft.

In entsprechenden Beratungen und Seminaren «backt» dieser «Spezialist» vor Publikum flugs eine nett anzusehende «Torte» – aus Lebens-Zutaten wie Beruf, Familie, Karriere, Freundschaft, Eros, Sinn ... Dumm ist nur: Beim Auspacken zu Hause erweist sich das schmackhafte Gebäck als Sandkuchen. Die vermittelten Ideen und Rezepte halten dem Alltags-Test nicht stand.

Tipp: Freuen Sie sich über das elegante Wortspiel (Life-Work-Balance) und eruieren Sie, welches Konzept sich dahinter verbirgt. Grundsätzlich gilt: Existenzielle Fragen lassen sich nicht mit Werbe-Vokabeln wie «ganz einfach», «super» und «power» beantworten. Deshalb treten professionelle Berater hier tendenziell leiser auf, können aber durch konkrete Beispiele aus ihrer Praxis überzeugen. Und sie legen dar, dass «Work-Life-Balance» ein Begriff ist, hinter dem sich Substanz verbirgt.

• NLP (Neuro-Linguistische Programmierung)

Best Case

Wer diese Kommunikationsschule durchlaufen hat, dem gelingt es, durch den gezielten Einsatz von Techniken, Kommunikation wirksamer zu gestalten. Die Ursprünge dieses Lehrsystems, das für Ergänzungen stets offen ist, liegen in therapeutischen und außertherapeutischen Feldern. Dort haben Richard Bandler und John Grinder (die heute als Begründer des NLP gelten) Fachleute der Kommunikation beobachtet (Therapeuten und Berater). Der Fokus lag darauf, wie es diesen gelingt, in schwierigen Situationen erfolgreich zu kommunizieren. Die dabei ermittelten Methoden haben sie unter dem Stichwort «NLP» zusammengefasst und so für andere Anwender fruchtbar gemacht.

Worst Case

Im ungünstigsten Fall stellt sich der NLP-kundige Berater als übereifriger Technokrat heraus, der überzeugt ist, durch den Einsatz «todsicherer» Methoden die grundlegenden Prozesse des Einfühlens und Nachdenkens ersetzen zu können. Diese Fehlauslegung (plus die Tatsache, dass zahlreiche Verkaufstrainer NLP als Wunderwaffe anpreisen, um Käufer zu manipulieren), hat dem NLP einen zwiespältigen Ruf eingetragen – den es von seinem Potenzial her nicht verdient.

Tipp: Ein Berater, dem Sie vertrauen können, wird NLP adäquat und dosiert einsetzen, ohne es deshalb als omnipotentes Heilmittel anzupreisen. Fühlen Sie sich manipuliert oder haben Sie den Eindruck, dass Ihr Gegenüber sich hinter Methoden und Techniken versteckt, sollten Sie dies ansprechen, ja rechtzeitig die Konsequenzen ziehen.

Ein letzter Begriff soll diese kleine Auswahl komplettieren. Auch wenn sich für diesen Fall kein überzeugender «Best Case» aufdrängt.

• Der Top-Coach

«Top-Coach» ist ein weiteres Prädikat, mit dem Berater gerne in Werbetexten und Artikeln um die Aufmerksamkeit der Kundschaft werben. Je nach Fantasie und ironischer Gestimmtheit des Betrachters mag man nun mit diesem «Top» eine Spitzenleistung, ein Spitzengehalt oder ein Coaching auf einer Aussichtsplattform verbinden. Seriöser formuliert: Der «Top-Coach» als Selbstbezeichnung ist nicht ernst zu nehmen. Man darf vermuten, dass wirkliche Top-Coaches wissen, dass dieses Prädikat stumpf wird, sobald man es auf sich selbst anwendet.

Psychologie oder Philosophie?

Individuelle Beratung ist heute immer noch stark psychologisch orientiert. Die folgenden Ausführungen sollen Ihnen eine weitere Beratungsform nahebringen, die ihren Zugang einer anderen Disziplin verdankt: der Philosophie. Sie hat Menschen in existenziellen Fragen begleitet, als die Psychologie – als eigenständiges Fach – noch in weiter Ferne lag.

III.   Auszeit PeBe – Philosophisch orientiert

«Die Philosophie ist die Lehrmeisterin
des Lebens.»

Cicero

Diese Art der Auszeit bietet Raum, um:

mit professioneller Hilfe persönliche Themen anzugehen, wie

* individuelle Fragestellungen auf den Gebieten von Beruf und Privatleben,
* ein persönliches Problem, etwa an der Schnittstelle von Partnerschaft und Karriere,
* eine Um- oder Neuorientierung, zum Beispiel hinsichtlich persönlicher Einstellungen und Haltungen.

In diesem Kapitel finden Sie Antwort auf folgende Fragen:

* Was genau ist philosophische Beratung?
* Was macht einen philosophischen Berater aus?
* Wie finde ich einen philosophischen Berater?
* Welches sind die qualitativen Kriterien für eine gute philosophische Beratung?

III.1 Die Macht der Gedanken

«Unser Kopf ist rund, damit die
Gedanken die Richtung ändern können.»

Francis Picabia

Wer über Beratung spricht, also über das Metier mit den guten
Gedanken, in deren Schutz sich angemessenes Handeln entwi-
ckeln kann, kommt an einer Profession nicht vorbei, die seit
Jahrhunderten genau das leistet: die Philosophie. Doch kennen
Sie einen Philosophen, der in Ihrer Nähe seine Dienste anbie-
tet? Die schwach entwickelte öffentliche Präsenz ist bedauerlich,
aber nicht zufällig. Sie hat einerseits mit der raumgreifenden
Vorherrschaft der Psychologie und deren Vertretern zu tun.
Andererseits wird sie durch den großen Qualitätsunterschied
gefördert, der unter philosophischen Beratern besteht.

So finden sich gut ausgebildete, teils auch promovierte Philosophen, die Zeit und Mühe darauf verwendet haben (neben
der denkerischen, kognitiven), auch ihre kommunikative und
persönliche Seite zu stärken. Doch sie teilen sich das Feld mit
«freihändig» agierenden Philosophen, welche ihren Kunden
keine weitere Qualifikation anbieten können als die Leiden-
schaft für gute Gedanken. Aufgrund dieser Qualitätsunter-
schiede bleibt unklar, was diese Profession zu leisten vermag –
speziell für Ihre persönliche Auszeit.

Doch nach ihren Potenzialen beurteilt, hat die Branche
durchaus das Zeug, eine attraktive Beratungsalternative zu stellen: gerade für solche Klienten, die (aus unterschiedlichen
Gründen) eine psychologische Beratung nicht in Anspruch
nehmen möchten. Doch was macht philosophische Beratung
aus? Und zunächst: Was bedeutet heute «Philosophie»?

III.2 Eine Philosophie hat jeder

Wenn Sie im World Wide Web durch die Seiten der Unternehmen und Privatpersonen blättern (die sich dort mit kommerzieller Absicht präsentieren), finden Sie regelmäßig den Button «Philosophie». Er wartet darauf, geklickt zu werden. Doch was immer sich dem neugierigen Betrachter dahinter eröffnet – von traditionell philosophischem Inventar, das heißt tiefgründigen Reflexionen oder gedanklich anspruchsvollen Konzepten, bleibt der Surfer meist unangetastet. Meist verbirgt sich hinter «Philosophie» eine Aussage dazu, welche Qualitätskriterien die Betreffenden in ihrer Arbeit berücksichtigen (Absichtserklärung).

So stellen Vertreter der Beratungsbranche in ihrer «Philosophie» beispielsweise dar, dass sie «maßgeschneiderte Konzepte» verwenden oder «der Klient bei ihnen stets im Mittelpunkt steht». Mit Philosophie, im Sinne einer gedankenscharfen Durchdringung von Wirklichkeit, hat eine solche Aussage noch nichts zu tun.

Ein Blick unter die Oberfläche

Andererseits (und das ist die Vorannahme philosophischer Beratung), liegt es nahe, dass auch dort, wo unter dem Etikett «Meine Philosophie» lediglich das Tun und Wollen eines Menschen präsentiert wird, immer auch eine tatsächliche Philosophie dahinter steckt; ob das dem betreffenden Menschen bewusst ist oder nicht. Tatsächlich geht der philosophische Berater davon aus, dass sich unter der sichtbaren Oberfläche des Alltagshandelns stets existenzielle Motive verbergen: persönliche Intentionen, die verantwortlich sind für das, was sich «oben» zeigt.

Diese verborgene Landschaft aus Gründen und Beweggründen nennt der philosophische Berater eine «Philosophie». Sie kann den Träger in seinem Lebensvollzug unterstützen oder

– im ungünstigen Fall – auch behindern. Was dann der Ausgangspunkt für eine Beratung ist.

III.3 Wie Philosophen arbeiten

> «Die Philosophie ist die Lehrmeisterin
> des Lebens.»
>
> Marcus Tullius Cicero

Was genau macht der philosophische Berater? Erteilt er, Kraft seiner Weisheit, thronend vor einer Bücherwand kluge Ratschläge? Solche, die selbst dem verwirrtesten Zeitgenossen rasch wieder die Richtung weisen? Oder wälzt er sich (zusammen mit seinem Klienten) durch die Nietzsche-Gesamtausgabe, um den Ratsuchenden dann, von Einsicht geläutert, wieder in den Alltag zu entlassen? Natürlich sind dies Karikaturen philosophischer Arbeit, dennoch verweisen sie auf einen Kern an Wahrheit.

Beispiel

Michael Dietrich, Sohn des Eigentümers eines mittelständischen Maschinenbauunternehmens, wird nach kurzer Zeit vom Produktionsbereich ins Management versetzt. Dort plagt den diplomierten Volkswirt bald deutliches Unwohlsein. Später manifestiert sich dieses in körperlichen Symptomen: Dietrich klagt über Kopfschmerzen, kann abends schlecht einschlafen. In den folgenden Jahren nehmen die Beschwerden zu. Sie verstärken sich, je weiter Dietrich dem Plan seines Vaters folgt; das heißt, in der Hierarchie nach oben steigt, um die familiäre Nachfolge zu sichern. Zwar stimmt (nach Aussage seines kritischen Umfelds) die Arbeitsleistung. Doch der Chef-Nachfolger, mittlerweile als Abteilungsleiter beschäftigt, ist nicht mehr sicher, ob er sich überhaupt am richtigen Platz befindet. Hin- und herge-

rissen zwischen Selbstvorwürfen und radikalen Ausstiegs-
gedanken entschließt er sich zu einer philosophischen Konsultation. Da er, wie er sagt, keinesfalls zu einer «Therapie beim Psychologen» zu bewegen sei.

Die Beratung

Die folgende Beratung erstreckt sich über einen Zeitraum von
neun Sitzungen.

Nachdem der Berater sich zusammen mit seinem Klienten
Aufklärung über den oben geschilderten Kontext verschafft hat,
arbeiten sie gemeinsam die Grundlagen seiner persönlichen Le-
bensphilosophie heraus. Über diese hat sich Dietrich nach eigenen Angaben seit seinem Studium keine Gedanken mehr gemacht.

Die folgende Beratungszeit basiert größtenteils auf einem
intensiven Dialog. Insgesamt drei philosophische Texte dienen
der Inspiration und ermöglichen eine zusätzliche, distanzierte
Betrachtung der Fragestellung. Im Gespräch selbst legt der professionelle Berater großen Wert auf eine trennscharfe Verwendung der Begriffe. So stellt sich bei der begrifflichen «Ausgra-
bungsarbeit» unter anderem heraus, dass das «angenehme
Leben», von dem der Klient in den ersten beiden Sitzungen
wiederholt spricht, erst dann angenehm für ihn ist, wenn es sich
tendenziell wie folgt vollzieht: kreativ, ungeplant, der Eingebung des Moments folgend. In den folgenden Sitzungen (drei
Treffen, jeweils 60 Minuten, dialogorientiert) reift im Klienten
die Einsicht, dass die gegenwärtige Lebensführung seine tiefer
liegende Philosophie nicht etwa stützt, sondern im Gegenteil
unterläuft.

Philosophie und Identität

Um die Sicht seines Klienten mit einer weiteren Perspektive zu
bereichern, schlägt der Philosoph den Begriff der «Identität»
vor. Dabei prüft er zunächst, ob Dietrich sich auf diese Denkfi-

gur einlassen kann. Letztere besagt, dass die persönliche Zufriedenheit stark davon abhängt, ob der Betreffende in seinem Leben das entwickeln kann, wofür er begabt ist. Ein Aphorisma von Arthur Schopenhauer zu «Begabung und Beruf» begleitet das weitere Nachdenken.

Texte können inspirieren

Nachdem in zwei Sitzungen «Identität» und «identisches Leben» im Vordergrund standen, formuliert Dietrich von sich aus einen anschaulichen Vergleich zu seiner gegenwärtigen Empfindung: «… es kommt mir manchmal so vor, als wäre ich gerade aufgewacht und müsste mich jetzt zurechtfinden in meinem Leben.» Der Berater schlägt vor, diesem Bild intensiv nachzugehen. Da sein Klient – trotz anfänglicher Skepsis – inzwischen großen Gefallen gefunden hat an der Arbeit mit Texten, bringt der Berater einen Abschnitt von Peter Sloterdijk, aus dem Buch «Weltfremdheit», ins Spiel. Indem sich die Gesprächspartner damit auseinander setzen, verwandeln sie das nicht konkret fassbare Gefühl des «Aufwachens» in gedanklich handhabbare Begriffe.

Der Philosoph als Sparringspartner

In zwei weiteren Treffen gelingt es Herrn Dietrich, ein Gegenbild zu seinem gegenwärtigen Leben zu «malen»; erstellt mithilfe jener Farben und Motive, die er selbst als befreiend und angemessen erlebt (das heißt als identisch mit seiner Persönlichkeit). Eine weitere Sitzung ist darauf angelegt, eine tragfähige Perspektive zu gewinnen. Sie soll die Momente von Kontinuität und Wandel bedenken und balancieren. Herr Dietrich ist entschlossen, nachhaltige Veränderungen in seinem Leben vorzunehmen, ohne durch allzu abrupte Bewegungen in «Schräglage» zu geraten und aus der Bahn geworfen zu werden. An dieser Stelle schlüpft der Berater in die Rolle des ideenreichen Kritikers, welcher die Argumente und Vorschläge, die sein Klient entwickelt, auf ihre Tauglichkeit hin überprüft. Ihm diese widerspiegelt, bis sich etwas herauskristallisiert, das der Kritik standhält.

Das abschließende Gespräch fasst Verlauf und Ergebnisse der Beratung zusammen. Weil der Klient weiter begleitet werden möchte, vereinbart der Berater ein Nachgespräch, im Abstand von vier Wochen.

Die Philosophische Praxis – Anfänge der philosophischen Beratung in Deutschland[50]

1981 gründet der Philosoph Gerd B. Achenbach in Bochum die erste Philosophische Praxis im deutschsprachigen Raum. Er setzte damit nach Meinung vieler Beobachter den Maßstab für eine seriöse philosophische Beratungsarbeit. Achenbach eröffnet seine Praxis zu einem Zeitpunkt, da die Philosophie (ähnlich wie ihre religiöse «Schwester», die Theologie) kaum mehr in ihrem ursprünglichen Sinn wahrgenommen wird. Von dem, was sie ursprünglich verkörperte, nämlich einen Raum für kompetentes Kümmern um Ernstfälle der menschlichen Existenz, ist in der öffentlichen Wahrnehmung allenfalls ein Zerrbild übrig geblieben.

Dem gegenüber beweist Achenbach, dass Reflexion und Lebensqualität auf verheißungsvolle Weise zusammenhängen. Tatsächlich hat er mit seiner Philosophischen Praxis den Elfenbeinturm der philosophischen Wissenschaft verlassen; um gemeinsam mit seinen Klienten durch «verstehen, mitdenken, überraschen und herausfordern» Lebensvollzüge zu überdenken und auf ihre Tauglichkeit hin zu befragen.

---

[50] Ausführlich dazu: Eckart Ruschmann: Philosophische Praxis – ein nicht ganz neues Tätigkeitsfeld von Philosoph(inn)en. In: Philosophische Beratung.

In welcher Situation nehmen Menschen die Philosophische Praxis in Anspruch?

Es ist Achenbachs Erfahrung, dass eine Konsultation selten ohne ernsten Anlass geschieht. Es sind erschütternde Ereignisse: aufschreckende Erfahrungen, tiefe Enttäuschung, drückende Schicksalsschläge und konkretes Scheitern, oder die Irritation angesichts einer ernüchternden Lebensbilanz, welche Menschen in seine Philosophische Praxis führen.

An diesen Knotenpunkten menschlicher Existenz kommt eine wichtige Eigenschaft des Philosophen zum Tragen: das Übersehene und Unbedachte zur Sprache zu bringen. Damit lenkt er den Blick auf ein Potenzial, das über den aktuellen Mangel-Zustand hinausweist.

Philosophen sind für gedankliche Meisterschaft bekannt. Doch Achenbach spekuliert bei seiner Arbeit nicht allein auf die hilfreiche Wirkung des «miteinander Denkens». Das Mitempfinden (jene persönliche Kompetenz, vorbehaltlos in die Welt des anderen einzusteigen) bildet ein weiteres zentrales Element. «Was die Menschen am allermeisten erwarten, ist, dass sie so gut wie möglich verstanden werden.»

III.4 Was den Unterschied macht

Was ist nun das Eigentliche der philosophischen Beratung? Die Frage liegt nahe, vor allem weil diese Art der Beratung – wie andere auch – in einen Dialog gekleidet ist, also nichts Außerordentliches probt. Trotz dieser Gemeinsamkeiten gibt es aber Merkmale, welche einen Unterschied bezeichnen und deshalb geeignet sind, die philosophische Beratungsart von ihrer psychologischen «Verwandten» abzugrenzen.

Was nun folgt, hat weder Anspruch auf Vollständigkeit noch auf Allgemeingültigkeit. Alles lässt sich, das ist ein Grundzug philosophischer Betrachtungsweise, immer auch ganz anders sehen und beurteilen. So kann man auch die Frage, was denn wesentliche Kennzeichen philosophischer Beratung seien, unter verschiedenen Perspektiven beantworten. Es folgt eine Zusammenfassung derjenigen Bestände, die dem Autor für die Tätigkeit philosophisch orientierter Berater typisch erscheinen.

Der philosophische Berater ist unter anderem ...

• Experte für Theorien,
• Feind der Routinen,
• Liebhaber treffender Worte,
• Geduldiger Geburtshelfer.

• Experte für Theorien

Der Philosoph arbeitet als Experte für Theorie-Brillen. Dabei versteht sich «Theorie» nicht als der wirklichkeitsferne Gegensatz zu «Praxis». Vielmehr ist jene Art von Theorie gemeint, die aller Praxis bewusst oder unbewusst vorausgeht.

Die Klienten des Beraters profitieren, indem er sie darin unterstützt, ihre persönlichen Theorien-Brillen (durch die sie die Welt sehen und beurteilen) abzusetzen, kritisch zu überprüfen und fremde Brillen zu testen. Im Unterschied zu psychologisch ausgebildeten Kollegen ist der Philosoph keiner «Schule» oder Methode verpflichtet. Auch wenn er Vorlieben für bestimmte Gedanken, Modelle und Lebensentwürfe hegt, wird er seinem Klienten die Freiheit geben, die eigene, für ihn passende Brille zu finden (und in die Lebenspraxis zu übernehmen).

● **Feind der Routinen**

Das Ideal, im Denken möglichst unabhängig zu bleiben, treibt der Begründer der «Philosophischen Praxis», Gerd Achenbach, in seiner Arbeit auf die Spitze. Befragt nach Standards, die geeignet sind, die Arbeit seiner Philosophischen Praxis zu charakterisieren, antwortet Achenbach kritisch. In verfestigten Denkmethoden und Gesprächsregeln wittert er ein Unheil, das dem Denken selbst Gewalt antut und ihm seine ursprüngliche Kraft raubt. Philosophie, die nicht unter ihren Möglichkeiten bleiben will, muss nach Achenbach immer wieder darauf zielen, genau diejenigen Methoden zu kritisieren und jene Selbstverständlichkeiten zu hinterfragen, mit denen sie gerade noch gearbeitet hat. Eine ergiebige «Feindschaft» gegenüber Denkroutinen ist nach Achenbach die notwendige Voraussetzung, damit die Philosophie schafft, was sie kann – das Denken in Bewegung setzen.

● **Liebhaber treffender Worte**

Seien Sie darauf gefasst, dass Ihr philosophischer Berater unaufgefordert und stetig auf Klarheit drängt in dem, was Sie sagen. So ist «Freundschaft» nicht mehr einfach «Freundschaft» und «Erfolg» nicht mehr selbstverständlich «Erfolg», sondern das, was sich, im Schutz der sprachlichen Routine, an persönlichen Vorstellungen und Haltungen hinter dem Wort verbirgt.

Diesbezüglich nimmt es der Philosoph penibel genau. Weil erst geschärfte Begriffe jene Klarheit liefern, auf die sich (nach philosophischem Verständnis) ein Leben verlässlich gründen lässt.

171

- **Der geduldige Geburtshelfer**

Das Wort «Maieutik» stammt aus der Sprache der Medizin und definiert eine Haltung, der sich viele philosophische Berater verpflichtet fühlen. Geschichtlich ist dieser Begriff mit dem Philosophen Sokrates verbunden. Dieser verstand sich selbst als «eine Hebamme der Einsicht» in Bezug auf sein jeweiliges Gegenüber. Dabei steht die Figur der Hebamme für das geduldige Warten darauf, wann der Klient bereit dafür ist, seine ganz persönlichen Einsichten zu «gebären». Diese abwartende Beratungshaltung, welche sich in der Praxis äußerst aktiv ausnimmt (durch fragen, mitdenken, inspirieren), ist deshalb sehr attraktiv, weil sie, um beim Bild zu bleiben, das Risiko von Fehlgeburten gering hält. Ein großer Vorteil in einer Branche, welche diesen Aspekt oft vernachlässigt: dass nämlich erst reifen muss, was Bestand haben soll.

III.5 Einen Berater suchen und finden

«Guter Rat ist teuer, schlechter Rat kann teuer zu stehen kommen.»
Gerhard Uhlenbruck

Grundsätzlich gelten für die Auswahl des philosophischen Beraters die gleichen Kriterien, wie im Kapitel zum psychologischen Berater beschrieben (vergleiche: Seite 134 ff.). Auf Besonderheiten geht der nachfolgende Text ein.

Vorauswahl und Erstgespräch

Es ist unwahrscheinlich, dass Sie sich auf Erfahrungen im Bekanntenkreis stützen können bei der Suche nach einem philosophischen Berater. Aber Sie werden schnell fündig, wenn Sie das World Wide Web heranziehen. Dort präsentieren sich derzeit etwa 150 dienstbereite philosophische Praxen und andere Anbieter, welche mit entsprechenden Konzepten arbeiten. Adressen, die Ihnen bei der Suche weiterhelfen, sind im Anhang aufgelistet.

Ist der Berater echt und authentisch?

Zunächst einmal: Vertrauen Sie vor allem Ihrem Gefühl. Es ist weniger interessant, was Ihr Gegenüber sagt, als was er bei Ihnen auslöst – oder eben nicht. Ist er im Gespräch echt und authentisch, oder spielt er Ihnen die Berater-Figur nur vor?

Zweitens: Erfragen Sie …

- Selbstreflexion,
- methodisches Vorgehen,
- Ausbildungsweg,
- psychologisch-pädagogische Kenntnisse.

Für die Bereiche «Selbstreflexion» und «methodisches Vorgehen» können Sie die gleichen Kriterien anwenden, welche für den psychologischen Berater gelten.

Legen Sie bei Ihrer Auswahl aber auch Wert auf den Ausbildungsweg sowie psychologisch-pädagogische Kenntnisse:

● **Ausbildung**

Beachten Sie: Es existiert kein allgemein anerkannter Ausbildungsweg für philosophische Berater. Ein Philosophiestudium ist sicher von Vorteil. Dort werden Kenntnisse der systematischen Philosophie sowie der Philosophiegeschichte vermittelt. Falls kein entsprechender Universitätsabschluss vorliegt, müssen Sie alternative Kriterien finden, um zu beurteilen, ob der betreffende Philosoph halten kann, was er mit seiner Dienstleistung verspricht. Ein (meist kostenfreies) Erstgespräch hilft weiter.

- **Psychologisch-pädagogische Kenntnisse**

Der Nachweis dieses Wissens bietet eine gewisse Gewähr dafür, dass der Berater nicht nur im Denken stark ist, sondern auch Erfahrung darin besitzt, abstraktes Wissen in die Praxis zu übersetzen (gemeinsam mit dem Klienten). Zudem helfen psychologische Grundkenntnisse, etwa zu Neurosen, Psychosen und anderen psychiatrischen Erkrankungen, fragende Menschen von kranken Menschen zu unterscheiden; und so auf die Grenzen des eigenen Könnens zu achten.

Hinweise auf eine psychologisch-pädagogische Professionalität können sein: eine therapeutische Weiterbildung (Gestalttherapie, Verhaltenstherapie, Systemische Therapie, Gesprächstherapie usw.), NLP, eine Coaching-Ausbildung sowie eine Ausbildung zum Pädagogen.

IV. Der Auszeitsport

«Lob des Sports. Alles, was den
Menschen von ihm selbst befreit,
ist gut.»

Stefan Napierski

Diese Art der Auszeit bietet Ihnen Raum, um ...

- Belastung und Überlastung aus Beruf und Privatleben zu kompensieren,
- in einer stresshaften Zeit vitalisierende Inseln der Ruhe zu schaffen – um sich anschliessend gestärkt mit den Problemen auseinander zu setzen,
- sich kontinuierlich – mit relativ geringem Aufwand – körperlich fit (und damit leistungsfähig) zu halten.

In diesem Kapitel finden Sie Antwort auf folgende Fragen:

- Was kann der Auszeitsport für mich leisten?
- Wie kann der Auszeitsport gegen den Stress des Alltags helfen?
- Was ist bei praktiziertem Auszeitsport zu beachten?
- Wie kann ich Verletzungen und Schädigungen vermeiden?
- Welche Sportarten sind für die Auszeit geeignet?
- Wie kann ich während meiner Geschäftsreise Auszeitsport treiben?

IV.1 Ist Sport wirklich gesund?

Die Wirkungen des Sports auf den Körper sind heute nicht un-eingeschränkt als «gesundheitsförderlich» zu bezeichnen. Zwar ist der gesundheitliche Nutzen von Bewegung nach wie vor un-umstritten, doch dieser Tatsache stehen aussagekräftige Unter-suchungen gegenüber, die besagen, dass Freizeitsportler sich bei ihrer Aktivität regelmäßig überlasten oder falsch trainieren: ja auf Kosten ihrer Gesundheit Sport treiben. Bevor wir uns der Frage zuwenden, woran genau denn gesunder Sport zu erken-nen ist, stecken wir kurz das Feld ab und beschreiben, was intel-ligent betriebener Auszeitsport bieten kann.

Kompensieren und erholen

Die sportliche Auszeit ist ein hervorragendes Mittel, um unan-genehme Folgen eines stressbehafteten Alltagsgeschäfts zu kom-pensieren. Richtig eingesetzt dient Sport als ein Medium, das Sie aus einem angespannten Jetzt-Zustand in ein beruhigtes und aufgeräumtes Dasein bringt.

Diese Auszeitwirkung geht vor allem darauf zurück, dass körperliche Betätigung den aus der Bahn geratenen Hormon-spiegel im Körper wohltuend reguliert. Die genauen Zusam-menhänge werden weiter unten erläutert.

Indem Sie die Folgen von Stress bekämpfen, gehen Sie die-sen noch nicht ursächlich an; aber auch dann, wenn Sie an die Gründe heranwollen, hilft Ihnen der Auszeitsport weiter.

Orientieren und reflektieren

Indem der Sport hinter Ihrem kräftezehrenden und stressigen Alltag «aufräumt», schafft er ganz nebenbei die Grundlage, um an der belastenden Situation Entscheidendes zu ändern. Wie kommt das?

Ganz einfach: Im gleichen Augenblick, wo das psycho-physische System zu Ruhe und Gelassenheit findet, fällt es leichter, über die gegenwärtige Situation nachzudenken. Neue Gedanken steigen auf, Lösungen werden generiert, die in gestresstem Zustand kaum eine Chance hätten, im Wirbel der Ereignisse Gehör zu finden.

IV.2 «Drum prüfe, wer ...»

Sport, mit Bedacht gewählt, bietet speziell beruflich stark belasteten Menschen ein Mehr an Lebensqualität. Doch welche Sportart ist geeignet? Angesichts des unübersichtlichen Angebots ist diese Frage zentral. Die Anzahl der Sportarten übersteigt bei weitem das, was der Freizeitsportler überschauen könnte – oder gar bewerten.

Sport, Sport, Sport ...

Die Vertreter der Fitnessbranche übertreffen sich gegenseitig mit Innovationen auf der sportlichen «Menükarte». Mit vielversprechenden Wortschöpfungen wie «Tae-Boo-Workout», «Turbo-Aerobic», «Spinning light» oder «Kardio-Funk» laden sie zum Mitmachen ein. Dem Adressaten, also dem willigen Auszeitler, signalisieren solche Wortkreationen, dass er ziemlich unwissend ist in Sachen moderner Sport. Ihm kann jedoch geholfen werden: Wenn er bereit ist, sich von einem kommerziellen Anbieter «an die Hand nehmen» zu lassen – und für diese Leistung zu bezahlen.

Die Entmündigung des Sportlers

Vor diesem Hintergrund einer schleichenden Entmündigung des Sport Treibenden zielt unser Kapitel darauf, Sie mit den Grundlagen eines informierten und selbstverantwortlich betriebenen Auszeitsports vertraut zu machen. Die Ausführungen geschehen in der Hoffnung, dass diese Einführung einer drohenden (oder bereits bestehenden) Vereinnahmung durch Bodytrainer, Work-Out-Berater und sonstige Fitnessspezialisten entgegenarbeiten kann; zumindest soll sie mithelfen, dass der Leser diesen Fachleuten nachher nicht mehr unvorbereitet gegenübertritt.

Keine gute Praxis ohne gute Theorie

Um in Bezug auf den eigenen Körper zu Sachverstand zu gelangen, nehmen wir den Umweg durch das Untergeschoss der Theorie. Sie erhellt, wie Sport und Physiologie des Körpers zusammenhängen.

Im folgenden Abschnitt werden wir klären, wie es zur stresshaften Überlastung kommt und was dabei im Körper abläuft. Zudem leisten wir uns einen Seitenblick auf grundlegende Fehler, wie sie bei bestimmten Sportarten häufig begangen werden. Ziel: Schädigungen an Bewegungsapparat und Muskulatur vorbeugen. Insgesamt soll ein scharfes Bild davon vermittelt werden, welches Potenzial im Auszeitsport steckt. Damit der bewegungswillige Time-outer nachher entscheiden kann, was für ihn das Richtige ist.

Der Text beschränkt sich auf den Bereich des Ausdauersports. Dieser ist für eine Auszeit besonders relevant. Des weiteren konzentriert sich dieses Kapitel auf Sportarten, die Sie alleine (ohne eine professionelle Hilfestellung) durchführen können. Ein Umstand, der Sie allerdings nicht davon abhalten sollte, ein gut geführtes Fitnessstudio oder einen entsprechenden Sportverein zu besuchen, um unter kompetenter Anleitung Ihr Training zu absolvieren.

IV.3 Stress: Ein Blick hinter die Kulissen

«Ich bin arbeitswütig und liebe den
Stress. In der Bademodenabteilung
eines Münchener Kaufhauses bin
ich zusammengebrochen, weil es
dort so ruhig war.»

Elke Heidenreich

Dieser Abschnitt wirft einen Blick ins Körperinnere. Motiviert
von der Frage, wie es überhaupt dazu kommt, dass wir reif werden
für eine sportliche Auszeit.

Alarmstufe «Rot»

Auf Situationen, die der Mensch als (positive oder negative)
Herausforderung empfindet, reagiert der gesunde Körper mit
einer Art Alarmzustand. Er bringt sich selbst in ein elektrisiertes
und angespanntes Verhältnis zu seiner Umwelt. Dies wird
spürbar, wenn ein verheißungsvoller Auftrag in Aussicht steht
oder bei Termindruck, bei der spitzen Bemerkung eines Kollegen über Ihre Arbeit – oder wenn eine gefährliche Situation im
Straßenverkehr droht. Unwillkürlich, das heißt, ohne, dass Sie
darauf Einfluss nehmen könnten, werden in Bruchteilen einer
Sekunde über die Blutbahn so genannte Botenstoffe (Adrenalin
oder Cortisol) in den Organismus gespült. Diese «Alarmstoffe»
stacheln den Körper zu einem Maximum an Leistungsbereit-
schaft an. Alarmierte Wachheit, hohe Erregbarkeit sowie ein
starker Energieüberschuss sind die Folgen. Das kann wichtig, ja
lebensrettend sein in einer Notsituation: zehrend, ja gesund-
heitsbedrohlich, wenn diese Ausnahme zum Dauerzustand
wird.

Der Stoffwechselturbo

Vermutlich ist dieser Mechanismus ein evolutionäres Über-
bleibsel, das unter den Bedingungen des modernen Lebens
nicht immer passend erscheint. War die körpereigene Hormon-
spritze bei der urzeitlichen Jagd auf gefährliche Tiere oder der
Flucht vor feindlichen Horden als Stoffwechselturbo willkom-
men, so stellt sich die Situation heute meist anders dar. Drei-
ßigtausend Jahre später müssen wir nur noch selten brachiale
Körperkraft einsetzen, um anzugreifen oder zu flüchten.

Im Berufsleben gilt sogar: Wer sich unter Stress unbedacht
seinem natürlichen Körperdrang überlässt, hat schnell ein ech-
tes Problem. Bringt beispielsweise der Projektleiter einen Mitarbeiter (der durch seine Bummelei das Projekt verschleppt) mit
ein paar Fausthieben dazu, schneller zu arbeiten, so hört er zwar
auf die «Stimme» seines Körpers. Er beschädigt aber mit dieser
Attacke seinen Ruf, eventuell die Karriere. Also bleibt der ge-
nervte Projektleiter äußerlich ruhig, schüttelt den Übeltäter nur
in Gedanken, erinnert sich der Tipps seines Kommunikations-
trainers und versucht das Problem auf zivilisierte Art einer Lösung zuzuführen.[51]

Hartnäckige Hormone ...

Auf diese Weise behält er zwar seinen Job. Die reichlich ausge-
schütteten Hormone bleiben von dieser Maßnahme der Selbst-
dressur indes unbeeindruckt. Sie verschwinden jetzt nicht einfach aus der Blutbahn, weil die beiden sich so gesittet miteinander austauschen. Im Gegenteil: Stresshormone bauen sich
nur sehr langsam ab, sind selbst dann noch aktiv, wenn der Projektleiter seinen Ärger längst vergessen hat.

Folge: Der ungesunde Alarmzustand bleibt weit über den
Augenblick der Erregung hinaus bestehen. Der Blutdruck zeigt

[51] Inspirierend zum Aspekt der Körperverdrängung in unserer Kultur, Karl-
Heinrich Bette: Wo ist der Körper? In: Theorie als Herausforderung.

erhöhte Werte, die Blutbahnen sind verengt, das Nervensystem
ist übererregt, die Wahrnehmung deutlich eingeschränkt.

Entwickeln sich solche Situationen nur gelegentlich, dann
ist das unproblematisch für die Lebensqualität des Betroffenen.
Überschreiten die Stressmomente allerdings ein bestimmtes in-
dividuelles Maß, kann der Körper den aufgelaufenen Hormon-
überschuss nicht mehr verarbeiten. Der wohltemperierte Nor-
malzustand, in dem wir uns gut fühlen, wird nicht mehr (oder
nur noch selten) erreicht. Untersuchungen belegen, dass sich
der Körper dauergestresster Menschen mit massiven Symptomen beklagt. Nervosität, Konzentrationsschwäche, Angstgefühl,
Tunnelblick (enge, eingeschränkte Wahrnehmung), Depressivi-
tät und Schlafstörungen können auftreten und sich kontinuierlich verstärken.

IV.4 Intelligent Sport treiben

Gerade wenn sich Stressfaktoren der einfachen Korrektur ent-
ziehen, sich also nicht von heute auf morgen eliminieren lassen,
greifen Menschen vermehrt zu erleichternden Mitteln, wie Alkohol oder Medikamenten. Über eine kurzfristig Wirkung hinaus fallen diese «Helfer» vor allem durch unangenehme Neben-
wirkungen auf, bis hin zur körperlichen Abhängigkeit.

Sport hingegen bildet eine potente Auszeithilfe, welche den
Körper nicht belastet, sondern darin unterstützt, das Gleichgewicht wiederzufinden. Sport wirkt in zweifacher Hinsicht: präventiv und kompensierend.

• Kompensation (ausgleichend)

Erstens reduziert sportliche Aktivität – im Sinne eines Auszeit-
trainings – die angehäuften Stresshormone radikal. Sie werden
quasi verbrannt, während Sie Ihren Körper auf Touren bringen.

Selbst wenn Sie nicht sofort abschaffen können, was Sie stresst, beugt der Auszeitsport auf diese Weise einer schleichenden Vergiftung vor (Dauer-Überschuss an Adrenalin oder Cortisol).

● **Prävention (vorbeugend)**

Zweitens wirkt Auszeitsport präventiv: Klopft der nächste Stressor an die Tür, schüttet der sportgewohnte Körper deutlich weniger Alarm-Hormone aus als ein sportlich untrainierter Organismus.

Gegengift oder «Was die Seele erfreut ...»

Wie angemessene sportliche Betätigung auf belastete Menschen wirkt, interessiert auch die Psychologische Forschung. Eine Untersuchung der Erlanger Sozialpsychologin Prof. Dr. Andrea Abele-Brehm belegt wissenschaftlich, was man (aufgrund der bisherigen Ausführungen) vermuten kann – dass körperliche Betätigung vielen Sport Treibenden als ein wirksames «Gegengift» dient. Als effektive Hilfe gegen Erregtheit, Ärger, Deprimiertheit und Energielosigkeit. So fühlte sich ein signifikanter Teil der Befragten nach dem Training deutlich ruhiger und in ausgeglichener bzw. gehobener Stimmung.[52]

[52] Ausführlich dazu: Abele Andrea/Brehm Walter/Pahmeier Iris. Sportliche Aktivität als gesundheitsbezogenes Handeln: Auswirkungen, Voraussetzungen und Förderungsmöglichkeiten. In: Schwarzer Ralf (Hrsg.): Gesundheitspsychologie, Hogrefe 1996.

IV.5   Der Eignungstest

«Wer nicht wählt, wählt auch!»

unbekannt

Besonders interessant für den Auszeitsport sind Sportarten, die eine kontinuierliche, das heißt möglichst gleichmäßige Belastung des Herz-Kreislauf-Systems garantieren. Also: Laufen, Schwimmen, Rad Fahren oder Inline-Skaten. Aber auch Disziplinen wie Fußball, Handball oder Basketball kommen in Frage, vorausgesetzt, der Time-outer bleibt dabei kontinuierlich in Bewegung.

Kaum pauschal zu beurteilen – und deshalb Ihrer persönlichen Einschätzung überlassen – sind Sportarten wie Tennis oder Badminton. Dort erfahren die Ausführenden zwar Belastungsspitzen, aber die notwendige kontinuierliche Belastung ist oft nicht gewährleistet. Hinweise dazu, wie Sie sich ausreichend belasten, aber nicht überlasten, finden Sie auf den folgenden Seiten.

Zehn Minuten schwitzen ist das Minimum

Was immer Sie tun, zehn Minuten Schwitzen sollten Sie nicht unterschreiten. Wenn Sie also loslaufen und nach ungefähr fünf Minuten zu schwitzen anfangen, laufen Sie von da an noch mindestens zehn Minuten. Wollen Sie eine gesundheitliche Wirkung gleich mit einkaufen, bieten sich zwanzig Minuten für das Training an. Außer Sie sind weitgehend untrainiert. In diesem Fall tasten Sie sich schrittweise an die Marke von 20 Minuten heran. Der Sportplan auf Seite 191 hilft Ihnen dabei weiter.

Ohne Spaß keine Auszeit

Die unter IV.4 zitierte Psychologin Abele-Brehm betont, dass Menschen, welche an der gewählten Sportart keinen Spaß finden, auch nicht auf den beschriebenen positiven Auszeiteffekt hoffen dürfen. Ihre Untersuchung ergibt ein für den Alltagsverstand leicht nachvollziehbares Resultat: Wer mit der körperlichen Betätigung seine eigene Neigung gegen den Strich bürstet, wird sich dadurch nicht besser entspannen oder ausgeglichener fühlen. Es empfiehlt sich also, nur solchen Betätigungen nachzugehen, die wirklich Freude bereiten. Selbst wenn Sie hierfür die Disziplin wechseln müssen oder sich als Langstrecken-Sackhüpfer betätigen!

Damit Auszeitsport erholsam wirkt, andererseits auch keine negativen Folgen zeitigt, braucht es einige strategische Überlegungen. Sonst gewinnt der nachstehende Ausspruch eines Satirikers an Bedeutung:

IV.6 «Treib Sport oder bleib gesund»

Diese ironische Äußerung bezieht ihr Recht aus der Beobachtung, dass viele Freizeitsportler ihren Körper unwissentlich überfordern. Im Sog des gesellschaftlichen Fitnessbooms, verführt von den Versprechen einer expandierenden Wellness-Industrie, streifen bisher unauffällige Zeitgenossen einen Fitnessanzug über, springen in ihre Hightech-Schuhe und rennen, radeln, springen bis an den Rand der Erschöpfung. Davon betroffen sind nicht nur sportliche Anfänger. Auch Freizeitsportler mit jahrelanger Trainingserfahrung spielen mit in der Liga der aktiven Selbstschädiger.

Leistung als Last

Gerade leistungsbewusste Menschen unterstellen, dass es im Sport zugeht wie «im richtigen Leben»: Sie postulieren einen Zusammenhang von Anstrengung und Erfolg. Ist der Stress erst mal als zu bekämpfender «Feind» identifiziert, nehmen sie ein ehrgeiziges Programm in Angriff, um das Ruder möglichst rasch herumzureißen. Verbissen absolvieren sie umfangreiche Trainingspläne, welche den unbefangenen Beobachter mitunter an Selbstgeißelung erinnern.

Die ebenso einfache wie falsche Rechnung lautet: Wer sich im Sport verausgabt und «alles gibt», kann mit einem hohen Profit in Sachen Gesundheit/Fitness rechnen. Ein Irrtum, den die «Freizeit-Olympioniken» mit Verletzungen oder vorzeitigen Abnutzungserscheinungen bezahlen; auch schürt die ständige Grenzbelastung die Anfälligkeit für Krankheiten, weil die Körperabwehr geschwächt ist. Der Kölner Immunbiologe Prof. Dr. Gerhard Uhlenbruck meint pointiert, das Immunsystem mancher Hobby-Hochleistungssportler «ähnle eher dem eines AIDS-Patienten als dem eines halbwegs gesunden Menschen».

Der Sportwissenschaftler Elmar Wienecke zitiert Untersuchungen, nach denen vier von fünf Freizeitsportlern sich zu hoch belasten. Sie erleiden in ihrem falsch betriebenen Auszeitsport Rückenschmerzen, Kreislauf- und Gelenkprobleme, erschöpfungsartige Zustände oder ein unspezifisches Unwohlsein.

Sport in der Gesellschaftsforschung – Ein kurzweiliger Ausflug

Der Trend zur Überforderung nährt sich unter anderem daraus, dass viele Menschen überzeugt sind, viel Einsatz würde auch viel helfen. Auftrieb erhält der «Leistungsgedanke» aber auch von einer anderen Seite. Eine kulturgeschichtlich junge Entwicklung zeigt, dass der Sport zunehmend als Identität stiftende Maßnahme in Anspruch genommen wird. Mit dem Satz: «I 'm running therefore I am» macht Charles Sheen (ein berühmter Vertreter der Jogging-Bewegung) deutlich, worum es dabei geht.

Sport verhilft zu Identität

Folgt man Sheen's Gedanken, heißt das: Wer Sport treibt, hält sich dadurch nicht nur gesund und fit. Wer sich aufs Mountainbike setzt, regelmäßig im Fitneßstudio schwitzt oder auf schnellen Rollen durch die Gegend flitzt, tut nicht nur etwas für seine Gesundheit; er gewinnt damit auch an Selbstbewusstsein und Identität.

Freilich will längst nicht jeder, der intensiv Sport treibt, damit sein Ego pflegen. Allerdings zeugen zahlreiche Publikationen von einer bemerkenswerten Entwicklung, die es so in unserer Gesellschaft noch nicht zu beobachten gab.

Das Geschehen selbst ist durchaus nachvollziehbar. Warum sollten Menschen, die sich ohne Zögern über Familie, Arbeitsleistung und Statussymbole (wie Auto, Kleidung, Schmuck) definieren, nicht auch den hohen Fitnessgrad, die Sportlichkeit oder den gestählten Körper dazurechnen? Mit anderen Worten: Wer mit «Job», «Einkommen» oder «Ansehen» auf das Erfolgskonto seines Lebens einzahlt, kann die Währung leicht erweitern – um «Muskelstyling», «Fitness» und «Lauf-Kilometer».

Identitätskonto Sport

Die Vorteile liegen auf der Hand: Auf das Identitätskonto «Sport» kann jeder unmittelbar einzahlen, ohne auf die Mithilfe oder das Wohlwollen anderer angewiesen zu sein. Der Sportler spult Kilometer ab, stemmt im Fitnessstudio Gewichte – beobachtet wie sein Körper leistungsfähiger wird und die Muskeln an gefälliger Definition zunehmen. Die Quintessenz lautet: «Ich bin das, was ich aus mir mache.»

Das ist eine atemberaubende Perspektive, wenn man bedenkt, dass traditionelle «Währungen» für Identität und Selbstbewusstsein (wie sie Status, Familie oder Karriere darstellen) deutlich fragiler angelegt sind. Eine Familie kann zerbrechen, eine Karriere vorzeitig zum Stillstand kommen. Darauf hat der Kontoinhaber nur in begrenztem Umfang Einfluss. Niemals wird er auf diese Faktoren so direkt, unabhängig und schnell einwirken können wie auf seinen Körper.

IV.7 Langsamkeit hilft

> «Der Mensch von heute hat nur ein
> einziges wirklich neues Laster
> erfunden: die Geschwindigkeit.»
>
> Aldous Huxley

In diesem Kapitel finden Sie Vorschläge und Tipps, wie Sie einerseits Ihren Sport als Auszeitsport genießen können, andererseits der Gefahr begegnen, sich unbeabsichtigt selbst zu schädigen.

Ein Plädoyer für den Übergang: Aufwärmen und Dehnen

Wenn Experten unverdrossen dazu ermuntern, sich aufzuwärmen und zu dehnen, bevor es richtig zur Sache geht, hat das seinen Grund. Der Körper benötigt mindestens fünf, mit fortgeschrittenem Alter (jenseits der 50) eher zehn Minuten Zeit, um sich physiologisch auf Leistung einzustellen. Zwar ist es heute Mode, übergangslos von einer Tätigkeit in die andere zu wechseln. Darauf nehmen unsere physischen Strukturen jedoch keine Rücksicht. Wie selbst moderne Hochleistungsmotoren deutlich stärker verschleißen, wenn der Fahrer nach dem Anlassen sofort per Bleifuß auf volle Leistung besteht, so reagiert auch der Körper wenig amüsiert, wenn wir aus dem Stand weg losspurten.

In den ersten Minuten der sportlichen Betätigung stellt sich der Organismus nur verzögert darauf ein, dass die Muskeln nun deutlich mehr Energie benötigen. Zudem müssen die Gelenke erst das nötige (Reibung vermindernde) Schmiermittel produzieren. Also gilt es, den Körper anfangs nur mäßig zu fordern, zum Beispiel durch leichtes Traben. Dann stellt er nach wenigen Minuten auf Leistung um. Schließlich sorgt ein kurzes Aufwärmen dafür, dass Sehnen, Muskeln und Bänder sich weniger leicht verletzen, sollten Sie eine ungewohnte Bewegung machen oder versehentlich ausrutschen.

Dehnen – Aber wie?

Eine einfache Methode ist das so genannte «Stretching». Dabei bringt der Sportler die beanspruchte Muskulatur wenigstens zweimal nacheinander für fünf Sekunden in einen Dehnungszustand. Im Falle des Joggens wäre das die Beinmuskulatur.

Bei dieser Art von Dehnung verzichten Sie auf jegliche ruckartige Bewegung. Sie dehnen die Muskulatur, bis eine leichte Spannung zu spüren ist. Diese halten Sie für zweimal fünf Sekunden, um sich dann der nächsten Muskelgruppe zuzuwenden. Wenn Sie diesen minimalen Aufwand betreiben, benötigen Sie zur Vorbereitung auf Ihr Lauftraining maximal zwei Minuten.

Auf detaillierte Anleitungen (welche Muskeln bei welcher Sportart wie gedehnt werden sollten) muss hier aus Platzgründen verzichtet werden. Verfügen Sie über keinerlei Erfahrungen, können Sie sich in einem Sportverein oder Fitnessstudio anleiten lassen. Besitzen Sie entsprechende Grundkenntnisse, empfiehlt sich der Blick in die Fachliteratur. Weiterführende Hinweise dazu können Sie dem Anhang entnehmen.

Und danach – Dehnen natürlich

Definitiv unterschätzt in seiner Wirkung auf den Körper wird das Dehnen «danach». Während der körperlichen Aktivität schieben sich die beanspruchten Muskelfasern (ähnlich wie eine Teleskopantenne) ein ganzes Stück ineinander, um optimal arbeiten zu können. Nach dem Sport erreichen sie jedoch nicht mehr die volle Länge, welche sie vorher hatten. Dieses Phänomen ist umso stärker ausgeprägt, je intensiver Sie Ihre Muskulatur fordern.

Die Folgen: verkürzte Muskulatur, welche am Skelett so genannte muskuläre Disbalancen erzeugt; die Statik des Körpers gerät aus den Fugen – Sie riskieren Schmerzen und Haltungsschäden. Durch Stretching lässt sich dieses Problem auffangen. Die Dehnungszeit pro Muskelgruppe sollte zweimal zehn Sekunden nicht unterschreiten: Einmal dehnen ist bereits gut, aber weniger sollte es auf keinen Fall sein.

Anmerkung

Die Maxime des Dehnens wird in der Praxis der einzelnen Sportarten unterschiedlich berücksichtigt. Viele Auszeitler verzichten darauf, sich zu dehnen, bevor sie schwimmen oder Rad fahren; weil in diesen Sportarten die Verletzungsanfälligkeit erfahrungsgemäß gering ist.

An dieser Stelle verspürt der Autor keinerlei missionarischen Auftrag. Wichtig ist indes die Tatsache, dass gedehnte Muskulatur schlicht leistungsfähiger ist. Sie darüber hinaus mit regelmäßigem Dehnen dazu beitragen können, dass Ihre Muskelfasern auch in hohem Alter flexibel und leistungsbereit bleiben. Allerdings sollten Sie keinesfalls versäumen, die Muskeln

nach dem Sport zu dehnen (siehe oben), damit sich die Fasern
wieder auf Normalmaß längen können.

IV.8 Das schwächste Glied bestimmt die Belastung

Auszeit nehmen bedeutet sich Zeit zu nehmen; in diesem Falle
also dem Körper Zeit zu geben. Wenn Sie beginnen, regelmäßig
Sport zu treiben, wird er über die Wochen hinweg an dieser
neuen Situation «wachsen». Eine Radstrecke, die beim ersten
Mal noch schwer fiel, bewältigen Sie das sechste Mal deutlich
leichter.
Am schnellsten passen sich die Muskelkraft und das Herz-
Kreislauf-System an. Bereits nach zwei bis drei Wochen haben
diese stark an Leistung zugelegt. Das ist zwar angenehm, aber es
entsteht auch ein Problem: Während Muskeln und Kreislauf-
system relativ schnell ihre Leistungsgrenzen überspringen, sind
andere Körperstrukturen noch gar nicht bereit für «große
Sprünge». Zu den «Spätzündern» zählen die Bänder (welche das
Gelenk stabilisieren), die Sehnen (welche die Kraft des Muskels
übertragen) sowie die Knorpel (welche die Gelenkflächen
schützen). Die Forderung für ein gesundes Auszeittraining lautet deshalb: Jene «Glieder der Kette», die sich am langsamsten
anpassen, bestimmen Tempo und Intensität. Als Belohnung
winkt Leistung ohne Leiden.

Die Leisen leiden still

Gerade die anpassungsträgen Körperstrukturen sind sehr zu-
rückhaltend mit Meldungen zu ihrer Befindlichkeit. Sie drängen sich erst dann schmerzhaft ins Bewußtsein, wenn bereits ein
größerer Schaden eingetreten ist. Deshalb: Plant der Auszeitler
seinen Trainingsumfang rein nach Gefühl, das heißt nach der
«subjektiv empfundenen» Leistungsfähigkeit (seiner Muskeln
und seines Herz-Kreislauf-Systems), dann kann das dazu füh-

ren, dass er mit bestem Gewissen seine Gesundheit ruiniert. Denn während die Muskeln und das Herz-Kreislauf-System sich schon angepasst haben und neuen Herausforderungen ungeduldig entgegenfiebern, liegen Sehnen, Bänder und Knorpel noch weit zurück in Sachen Festigkeit und Stärke. Sie brauchen mehr Zeit, um sich anzupassen.

Tipp: Ihren Trainingsplan sollten Sie nicht nach subjektivem Empfinden erstellen, sondern nach strategischen Überlegungen. Dabei helfen Ihnen die nachstehenden Leitlinien. Sie sorgen dafür, dass Sie sich als Neuling/Wiedereinsteiger zwar belasten, aber nicht überlasten. Auch der Sportgewohnte kann den Tipps einiges abgewinnen; indem er überprüft, ob ihm der Sport, so wie er ihn zurzeit ausübt, langfristig bekömmlich ist.

IV.9 Ein kurzer Trainingsplan für den Auszeitsport

Vorweg: Haben Sie generelle Zweifel oder sind Sie unsicher bezüglich Ihrer Gesundheit und Leistungsfähigkeit, so steht der Besuch bei einem Mediziner (Internist, Sportmediziner, Kardiologe) an – zum Check-up.

I. Wählen Sie möglichst eine Individualsportart, wie Laufen, Schwimmen, Inline-Skating oder Rad Fahren. Der Grund: Alleine fällt es Ihnen leichter, Ihr eigenes Tempo zu finden, welches Sie beibehalten können, ohne sich zu überfordern. Insbesondere wettbewerbsorientierte Menschen vermeiden mit Vorteil sportende Gesellschaft. Diese Einschränkung schließt zwar Mannschaftssportarten aus, bewahrt Sie aber davor, Leistungsvergleich und Wettbewerb in den Vordergrund zu stellen – statt die Auszeit-Wirkung.

II. Üben Sie während der ersten zwei Monate nicht mehr als zweimal pro Woche.

III. Anfänger, Wenigsportler und Wiedereinsteiger beginnen mit einer gemächlichen, zehnminütigen Trainingseinheit. Jogger fangen zum Beispiel mit schnellem Gehen an. Trainierte Sportler steigen weiter unten ein, mit Punkt VI.

IV. Achten Sie darauf, dass Sie nicht – oder nur mäßig – außer Atem geraten. Messen Sie dabei Ihren Puls und sorgen Sie dafür, dass er die ersten zwei Monate 120 Schläge/Minute nicht übersteigt. In jedem Fall sollten Sie sich nach dem Training nicht erschöpft oder «kaputt» fühlen. Denn es geht hier nicht um Leistungssport, sondern um Auszeittraining. Zur Kontrolle Ihrer Pulsfrequenz dient eine spezielle Pulsuhr. Natürlich tut es auch eine Armbanduhr mit Sekundenanzeige.

V. Steigern Sie Ihr Pensum nach einem Monat (entspricht acht Trainingseinheiten) auf fünfzehn Minuten. Vier Wochen später erhöhen Sie auf 20 Minuten. Die Pulsfrequenz liegt nun zwischen 120 und 130 Schlägen.

VI. Trainierte Sportler, welche wenigstens einmal pro Woche Ausdauersport betreiben, üben gleich zu Beginn mit höherer Intensität (120-130 Pulsschläge/20 Minuten/zweimal pro Woche). Nach acht Wochen können Sie auf drei Trainingstage pro Woche erhöhen.

VII. Geben Sie Ihrem Körper während der ersten zwei Monate zwei Tage Pause zwischen den Trainingstagen, um sich zu erholen. Achtung: Es ist nicht wichtig, dass Sie selbst sich subjektiv erholt fühlen, denn das geht in der Regel sehr schnell. Vielmehr ist es wichtig, dass Muskeln Sehnen, Knorpel und Bänder ausreichend Zeit haben, sich innerlich umzubauen und so an die steigende Belastung anzupassen. Sollten sich Beschwerden irgendwelcher Art melden, dann pausieren Sie oder suchen einen Arzt auf.

VIII. Lassen Sie Ihren Ehrgeiz zu Hause! Auszeitsport vollzieht sich jenseits des leistungssportlichen «schneller, höher, weiter». Versuchen Sie, sich in anderen Kategorien zu steigern: «bewusster, lustvoller, regelmäßiger».

Vorschlag: Kreieren Sie durch den Sport eine «Auszeitinsel», die Sie gerne besuchen. Dazu wählen Sie eine passende Sportart, aber achten Sie auch auf eine schöne Umgebung (was immer das für Sie persönlich heißt). Empfinden Sie Wasser als beruhigend? Dann wird sich in Ihrer Nähe ein See oder Fluss finden. Inspiriert Sie das Grün der Pflanzen und Bäume, dann verlegen Sie das Joggen auf Feld- oder Waldwege oder radeln durch blühende Wiesen.

Wie wäre es, wenn Sie dort Sport treiben, wo Sie hinterher noch ungestört die Ruhe genießen – oder eine Erfrischung zu sich nehmen können? Ein Ritual, das sich im Wirbel des Alltags zu einer wahren Auszeitinsel entwickeln könnte. Zwar lässt sich nicht jeder Wunschtraum dieser Art verwirklichen (und manche Sportarten schränken die Auswahl ein). Aber fantasieren Sie doch einfach mal drauf los und sehen Sie, was daraus wird.

IV.10 Denken hilft – Intelligent «sporten»

Wer Sport in der Auszeit effektiv einsetzen will, sportet nicht einfach drauflos, sondern macht sich – zu seinem Vorteil – einige weiterführende Gedanken. Nun gäbe es zu den vielen denkbaren Sportarten vieles anzumerken. Doch ein solches umfassendes Kompendium ist nicht Aufgabe dieses Buches. Es fokussiert mit gutem Grund auf ausgewählte Sportarten. Wir beschäftigen uns jetzt mit drei Disziplinen: Laufen, Schwimmen und Rad Fahren. Allen drei Sportarten sind Eigenschaften gemeinsam, welche sie für die Auszeit prädestinieren: Sie sind ...

- weit verbreitet,
- ohne großen Aufwand durchzuführen,
- gut alleine, das heißt unabhängig (ohne Mitspieler, Trainingspartnerin) auszuüben.

- **Intelligent laufen**

Für das Laufen oder «Joggen» gilt es einige technische Besonderheiten zu berücksichtigen:

Der geeignete Boden

Vermeiden Sie Beton, Asphalt sowie die roten «Gummibahnen» der öffentlichen Sportstätten (bekannt unter dem Namen «Tartanbahn»). Gerade diese Hightech-Bahnen üben zwar eine hohe Anziehungskraft auf den Freizeitsportler aus; nicht zuletzt, weil ihre spezielle Zusammensetzung sie zu einem leicht gefederten Sprungbrett macht. Aber gerade dieser Feder-Effekt belastet Gelenke und Muskeln um ein Zwei- bis Dreifaches höher, als wenn Sie Ihre Füße auf Wiese, Waldboden oder zumindest Schotter aufkommen lassen.

Sogar Beton und Asphalt nehmen sich günstiger aus für den Körper als diese für den Leistungssport entwickelten Kunststoffböden. Aber das erscheint dem gesundheitsbewussten Sportler wohl eher wie eine Wahl zwischen Beinbruch und · Fraktur.

Auch Schuhe brauchen Pause

Auch Ihre Schuhe brauchen Pause! Das Sohlenmaterial der Laufschuhe absorbiert bei jedem Einsatz Tausende von Stößen, durch die es nach und nach zusammengedrückt wird. Die Dämpfungseigenschaften verschlechtern sich, das Material benötigt Zeit, um sich wieder auf Normalmaß auszudehnen.

Gönnen Sie Ihren Laufschuhen jeweils einen Tag Verschnaufpause.

Ziehen Sie es vor, jeden Tag zu laufen, dann verzichten Sie auf das brandneue Hightech-Modell und kaufen sich für das Geld gleich zwei Paar Schuhe. Übrigens: Schuhe, die mehr als 100 Euro vom Konto knabbern, benötigt ein Mensch allenfalls, um seinen Artgenossen bewundernde Aufmerksamkeit abzuringen, aber nicht für die Gesundheit seiner Füße.

Schuhe aus dem Fachhandel

Kaufen Sie Ihre Schuhe nach Möglichkeit im Fachhandel. Eine gute Beratung erkennen Sie daran, dass der Verkäufer sich nach Ihren Laufgewohnheiten erkundigt und sich ein genaues Bild davon macht, wie Sie Ihren Fuß beim Laufen abrollen und bewegen. Ein gut ausgestattetes Geschäft zieht hierzu ein Laufband mit Videoanalyse heran – das ist aber kein Muss.

• Intelligent schwimmen

Schwimmen ermöglicht eine besonders gelenkschonende Auszeit. Zudem werden die «Spätanpasser» wie Muskeln und Sehnen (anders als bei Sportarten, die aus Laufen oder Springen bestehen) im Wasser nur «weich» beansprucht; das heißt, der Bewegungsapparat muss keinerlei hohe Kraftspitzen übertragen.

Wählen Sie die passende Schwimmart

Schwimmen Sie allerdings mit einem vorgeschädigten Knie, zum Beispiel wegen eines bestehenden Meniskusproblems, kann sich speziell der Brustschwimmstil als nachteilig erweisen. Diese Technik belastet das Kniegelenk in einer ungünstigen Weise. Konkret jedes Mal, wenn Sie die Beine grätschen.

Lernen Sie – wenn nötig – um

Es lohnt sich, in diesem Fall auf eine andere Schwimmart umzustellen, wie Freistil oder Rücken. Auch im fortgeschrittenen Bewegungsalter können Sie diese Varianten relativ rasch erlernen. Lassen Sie sich dabei von einem Übungsleiter/einer Schwimmlehrerin anweisen.

- **Intelligent Rad Fahren**

Auch das Rad Fahren gilt als unkompliziert und wenig verletzungsträchtig. Einige Voraussetzungen gibt es indes zu beachten (Material, Mechanik, Technik), wenn die Auszeit im Sattel ungetrübt sein soll.

Sattel einstellen

Lassen Sie sich die richtige Sattelhöhe von einer versierten Person einstellen, eventuell im Fachhandel. Die richtige Höhe ist ein Muss, damit Ihre Beinkraft Sie effektiv (das heißt biomechanisch günstig) voranbringt.

Klick-Pedale nutzen

Verwenden Sie so genannte «Klick-Pedale». Diese nette Erfindung verbindet Ihren Fuß fest mit dem Pedal, gibt ihn aber in einer Gefahrensituation oder wenn Sie sich an einer roten Ampel auf dem Boden abstützen wollen – sofort wieder frei. Ebenso schnell klicken Sie sich im Anschluss wieder ein ins Pedal. Der Vorteil beim Fahren: Sie können das Pedal nicht nur drücken, sondern auch ziehen – beanspruchen also bei jeder Umdrehung der Kurbel nicht nur die Streck-, sondern auch die Beugemuskulatur der Beine.

Gönnen Sie sich eine spezielle Radhose

Leisten Sie sich eine gepolsterte Fahrradhose. Das Mehr an Sitzkomfort ist sofort spürbar, insbesondere auf harten Sport-Sätteln.

Fahren Sie kleine Gänge

Wählen Sie tendenziell kleine Gänge (mit niedrigem Kraftaufwand) bei tendenziell hoher Kurbelumdrehungszahl. Diese Regel gilt in besonderem Maße für die Strecke, welche Sie in den ersten fünf Minuten zurücklegen. Dadurch schonen Sie die Gelenke und beugen einer schnellen Ermüdung der Muskulatur vor.

IV.11 Sport auf Reisen

Für Menschen, die beruflich viel unterwegs sind, ist es manchmal gar nicht so einfach, sich nach einem anstrengenden Tag noch etwas Sport zu gönnen. Terminliche Gründe machen es mitunter beinahe unmöglich, körperliche Aktivitäten in der ohnehin voll gepackten Agenda unterzubringen. In diesem Fall lohnt die Überlegung, ob Sie für heute nicht lieber auf Ihren Sport verzichten. Auszeitsport und Hektik vertragen sich schlecht. Finden Sie jedoch abends eine freie Stunde zum Ausspannen, dann stehen Ihnen auf Reisen viele interessante Möglichkeiten offen.

• Laufen

Laufen ist der Allrounder unter den Auszeitsportarten für unterwegs. Diese Betätigung können Sie fast überall ausüben: ohne Geräte, mit wenig Aufwand und Vorbereitung. Die Grundregeln dafür finden Sie auf Seite 194.

Befinden Sie sich allerdings in einem Hotel in der Stadtmitte, müssen Sie ein günstiges Laufterrain erst ausfindig machen. In der Regel kann Ihnen die Hotelrezeption Auskunft geben, wo Sie einen Laufweg finden: häufig in einem Park oder an einem Fluss gelegen. Oft halten die Damen und Herren am Empfang auch einen Mini-Stadtplan bereit. In die Hosentasche gesteckt, weist er Ihnen den Weg. Natürlich können Sie auch auf dem asphaltierten Gehweg laufen und direkt von Ihrer Unterkunft aus losspurten. Sind Sie ein geübter Läufer (und haben Sie keine Probleme mit Ihrem Bewegungsapparat), ist das unproblematisch, solange die Strecke vier Kilometer nicht übersteigt, die Abgase sich in Grenzen halten und die Ausweichlösung nicht zu einer ständigen Einrichtung wird.

- **Auszeitsport im Hotel**

Wenn Sie sich, wegen der Witterungsverhältnisse oder mangels attraktivem Gelände, nicht outdoor betätigen wollen, können Sie immer noch schwimmen gehen. Adressen von öffentlichen Hallen-/Heilbädern gibt es an der Rezeption.

Sagen Ihnen die beschriebenen Möglichkeiten nicht zu, bieten viele Hotels einen speziellen Fitnessraum an. Zwischen den Geräten für Muskelaufbau stehen dort meist ein paar «Maschinen» für Step und Spinning. Mit Ersterem erleben Sie eine Art sportliches Treppensteigen; nur, dass Sie dabei auch die Arme mitbewegen und so den ganzen Körper wohltuend beanspruchen. Zwar fällt es am Anfang nicht ganz leicht, auf diesen Gerätschaften das Gleichgewicht zu halten. Aber mit Geduld und nach einer kleinen Eingewöhnung läuft es bald «rund».

Mit stationären Fahrrädern (Spinning) verfahren Sie wie mit einem normalen Fahrrad. Achten Sie darauf, dass Sie Ihre Füße mit den (hoffentlich zur Verfügung stehenden) Pedalriemen eng fixieren. Ziel: die ganze Beinmuskulatur fordern.

- **Auszeitsport im Fitnesstempel**

Kommt der Hotelsport für Sie, aus welchen Gründen auch immer, nicht in Frage, steht Ihnen immer noch eine Option offen: das Fitnessstudio. Dort finden Sie viele Ausdauergeräte und – mit etwas Glück – auch eine kompetente Fachperson, welche Sie einweist. Wenn Sie Ihre Reisen häufig in Großstädte führen, können Sie den Vorteil nutzen, dass verschiedene Fitnessketten jeweils mit ihrer Filiale vor Ort sind. So nutzen Sie mit einer einzigen Mitgliedschaft in mehreren Städten einen vergleichbaren Service.

- **Die Sauna – Schwitzen genügt nicht**

Erfahrungsgemäß sind Saunagänge nach einem anstrengenden Tag sehr beliebt: Sauna oder Dampfbad können nach einem stressigen Tag durchaus entspannen, aber die Wirkung eines Auszeitsports ersetzen sie nicht annähernd. In der Sauna fließen die Schweißtropfen wie beim Sport, aber das Herz-Kreislauf-System wird nicht nennenswert in Schwung gebracht. Somit kreisen die Stresshormone weiterhin im Blut.

V. Literatur und Adressen

Literatur und Adressen zur Auszeit PeBe – psychologisch orientiert

Holtbernd Thomas/Kochanek Bernd: Coaching. Wirtschaftsverlag Bachem, Köln 1999.

König Karl/Simon Fritz B.: Zwischen Couch und Einwegspiegel. Carl-Auer-Systeme Verlag, Heidelberg 2001.

Lämmle Brigitte/Haase Frank: Erklär mir deine Welt. Hoffmann und Campe Verlag, Hamburg 2002.

Walker Wolfgang: Abenteuer Kommunikation. Klett-Cotta, Stuttgart 2004.

Adressen zur Auszeit PeBe

www.coach-datenbank.de
Hier können Sie nach einem persönlichen Berater recherchieren.

Literatur und Adressen zur Auszeit PeBe – philosophisch orientiert

Achenbach Gerd B.: Lebenskönnerschaft. Herder Verlag, Freiburg 2001.

Moser Friedhelm: Kleine Philosophie für Nichtphilosophen. Beck Verlag, München 2000.

Ruschmann Eckart: Philosophische Beratung. Kohlhammer, Stuttgart 1999.

Schopenhauer Arthur: Schriften zur Lebensweisheit. J.W. Hendel Verlag, Berlin 1938.

Sloterdijk Peter: Weltfremdheit. Suhrkamp, Frankfurt 1993.

Sloterdijk Peter: Selbstversuch. Karl Hanser Verlag, München 2000.

Werle Josef M. (Hrsg.): Klassiker der philosophischen Lebenskunst. Goldmann, München 2000.

Adressen zur Philosophischen Beratung

www.philosophischepraxis.de
Ein Verzeichnis Philosophischer Praxen in Deutschland

www.information-philosophie.de
Ein Verzeichnis Philosophischer Praxen in Deutschland, Österreich und Schweiz

Alternativ bietet es sich an, in eine Suchmaschine Ihrer Wahl einzugeben: «philosophische Praxis» bzw. «philosophische Beratung».

Literatur und Adressen zum Auszeitsport

Bette Karl-Heinrich: Körperspuren. De Gruyter, Berlin 1989.

Bette Karl-Heinrich: Wo ist der Körper? In: Theorie als Herausforderung. Meyer&Meyer, Aachen 1992.

Czioska Frank: Der optimale Laufschuh. Meyer&Meyer, Aachen 2001.

Knebel Karl-Peter: Muskel-Coaching. Rowohlt, Reinbek 2005.

Lütz Manfred: Lebenslust. Pattloch, München 2002.

Markworth Peter: Sportmedizin. Rowohlt, Reinbek 1998.

Peterson Lars/Renström Per: Verletzungen im Sport. Deutscher Ärzte Verlag, Köln 2002.

Wienecke Elmar: Fit statt fertig – der leichte Weg zum Erfolg. Lebensbaum Verlag, Bielefeld 2000.

Adressen zum Auszeitsport

www.sportmedinfo.de
Eine Website zu Sportmedizin, Physiologie und Ernährung mit zahlreichen Literaturhinweisen.

Auszeit S   [1 bis 20 Minuten]

«Die Kunst des Ausruhens ist ein
Teil der Kunst des Arbeitens.»
John Steinbeck

Zeitbedarf: 1 bis 20 Minuten

Diese Art der Auszeit bietet Ihnen Raum, um:

- sich in kurzer Zeit wirksam zu erholen,
- zur Ruhe zu kommen,
- sich zu konzentrieren,
- Abstand zu gewinnen von einer negativen Stimmungslage.

In diesem Kapitel finden Sie Antwort auf folgende Fragen:

- Wie kann einfaches Gehen mir zu Konzentration und Entspannung verhelfen?
- Wie kann ich den Kurzschlaf sinnvoll in meinen Alltag integrieren?
- Wie kann ein Ortswechsel eine Gesprächssituation neu beleben?
- Was kann mein Ohr dazu beitragen, dass ich mich erfrische?
- Was nützt mir bei beruflicher Belastung das Autogene Training?
- Wie kann ich in einer «verfahrenen» Situation weiterführende Perspektiven gewinnen?

Dem Denken kann geholfen werden

Für das begrenzte Zeitbudget, welches uns für die Auszeit S zur Verfügung steht, verwenden wir zusätzlich körperorientierte Methoden. Verfahren wie imaginative Übungen bieten sich an, weil Sie diese unkompliziert anwenden können. Und weil diese auch dann wirken, wenn Sie selbst unkonzentriert oder müde sind!

I. Die Toilettenstory

Die folgende Geschichte berichtete der Bereichsleiter einer deutschen Bank. Er kam mit dem Autor ins Gespräch, speziell zu der Frage, wie es gelingen könnte, sich in einem dicht gedrängten Arbeitsalltag eine Auszeit zu genehmigen:
«Wir hatten da einen Kollegen, sagen wir, er hieß Dr. Meinart. Ein unauffälliger Kollege, nur etwas schien ungewöhnlich. Er ging häufiger als andere zur Toilette, und zwar in auffallendem Maße häufiger. Beinahe nach jedem Meeting – selbst zwischendurch – ist er hinter der entsprechenden Tür verschwunden. Das konnte man gut sehen: Unser zentraler Meetingraum gewährte durch eine Glasscheibe freie Sicht auf den dahinter liegenden Gang.»
«Ich nehme an, hier geht es um mehr als ein Problem mit der Blase ...?»
«Allerdings, obwohl wir uns natürlich erst mal Sorgen machten, ob Meinart vielleicht ein ernsthaftes gesundheitliches Problem hätte. Doch weit gefehlt. Da unser Kollege zwar etwas abgekämpft aussah, aber alles in allem doch relativ gesund, gewöhnten wir uns an diese eine Macke. Bis zu jenem kleinen Zwischenfall.
Ein Mitarbeiter befand sich gleichzeitig auf besagter Toilette. Er vernahm ein Geräusch: den Klang eines Metallstücks, das auf den Steinboden fiel. Kurz darauf gab es einen dumpfen Laut, als wenn jemand gegen die verriegelte Toilettentür gestürzt wä-

re. Im selben Moment rollte ein silberner Haustürschlüssel unter der betreffenden Toilettentür hervor. Unser Mitarbeiter dachte sofort an einen Unfall, einen Herzinfarkt oder zumindest einen Ohnmachtsanfall. Zumal es sich tatsächlich so anhörte, als würde sich jemand hastig wieder vom Boden hinter der Tür aufraffen. Auf die entsprechende Nachfrage hin betonte der Mann (es handelte sich um Meinart), dass alles in Ordnung sei; er wäre nur ausgerutscht. Eine seltsame Erklärung, aber doch irgendwie annehmbar, oder?»

«Hmmm ...»

«Andererseits ist eine Toilette keine Eisbahn, auf der man einfach so ausrutschen kann», fuhr der Bereichsleiter fort. «Dennoch hätte sich der Kollege keine weiteren Gedanken über diesen Vorfall gemacht, wenn ich nicht eine Woche zuvor ihm gegenüber meine Besorgnis hinsichtlich Dr. Meinart geäußert hätte. Auf sein Nachhaken hin berichtete ich von einer Beobachtung auf dem Klosett. Sie deckte sich nahezu 100 Prozent mit dem anderen Geschehen. Nur war der heruntergefallene Schlüssel offensichtlich innerhalb der Toilette liegen geblieben, anstatt unter dem Schlitz hervorzurollen. Diese beiden Ereignisse zusammengenommen waren nun wirklich seltsam genug, um Meinart bei einer günstigen Gelegenheit beiseite zu nehmen.»

An den Autor gewandt, fragte der Bereichsleiter: «Haben Sie bereits eine Erklärung für die Sache?» Der hatte natürlich keine. Allenfalls konnte er sich vorstellen, dass der Mann auf dem Klo eingeschlafen war. Aber der Schlüssel ...?!

«Wir zwei konnten uns auch keinen Reim drauf machen. Meinart indes sah sich angesichts des Aufgebots zweier beunruhigten Kollegen gezwungen, die Angelegenheit aufzuklären. Er erklärte, dass er vor fünf Monaten Vater geworden. Zwillinge, das wussten wir schon – schließlich hatte es aus diesem Anlass eine kleine Feier gegeben. Seit der Geburt, so erfuhren wir, hatte der Mann kaum eine Nacht mehr richtig durchgeschlafen. Die Kinder gönnten den Eltern keine Atempause. In dieser Lage, als er seine Leistungsfähigkeit zunehmend gefährdet sah, gab ihm ein Bekannter einen folgenreichen Tipp: Wenn die Müdigkeit zu stark würde, solle er einen ruhigen, für andere möglichst nicht zugänglichen Ort aufsuchen. Sich dort eine Sitzgelegenheit auswählen, die Unterarme auf die Oberschenkel legen und auf diese Weise entspannen. Aufgrund seiner Müdigkeit, so der Ratgeber, würde er wahrscheinlich sofort einnicken. Um einem ausgedehnten Schlaf vorzubeugen (der ihn zu lange vom Arbeitsplatz fern halten würde), sollte er in einer seiner Hände einen Schlüssel halten. Spätestens nach ein paar Minuten, wenn der Schlaf fester und die Entspannung der Muskeln tiefer wäre, würde dieser aus der Hand gleiten – und geräuschvoll zu Boden fallen. Worauf der Erschöpfte sofort wieder aufwachen würde und seine Arbeit fortsetzen könne.

Das ist doch eine waschechte Auszeitstrategie, oder?»

«Sicher! Und wie ist die Geschichte weitergegangen?»

«Sagen wir es so: Wir haben eine Lösung gefunden. Ich denke, Dr. Meinart hat den Schlüssel anschließend nur noch für seine Haustür benutzt.»

II. Die kleine Auszeit für zwischendurch

Das vorangegangene, etwas skurrile Beispiel ist exemplarisch für diese Auszeitform. Die Auszeit S zielt nicht auf vollständige Erholung. In der Werbesprache der Nahrungsmittelbranche gesprochen, leistet sie vielmehr so etwas wie die «kleine Erfrischung für zwischendurch». Als solche wird sie den großen Hunger, also einen Bedarf für ein ausgedehntes Time-out, nicht stillen. Aber ohne sie würde ein wichtiges Element fehlen im Ressourcenmanagement des Tages.

III.   Methoden und Instrumente für die Auszeit S

Nachfolgend finden Sie verschiedene Übungen, welche sich für unterschiedliche Anlässe eignen. Vielleicht haben Sie schon von «Autogenem Training» gehört, sind damit sogar vertraut. Andere Übungen werden Ihnen gänzlich unbekannt sein, vielleicht sogar seltsam vorkommen. Zum letztgenannten Fall noch eine Anmerkung: Neigung und Abneigung sind oft klare Signale für das, was uns individuell gut tut – oder eben nicht. Allerdings wünscht sich der Autor, dass Ihre drängende Neugier Ihnen zusetzt. Ja, Sie dazu verleitet, das eine oder andere einfach auszuprobieren. Denn es gilt der Satz: Auf unbekanntem Terrain ist das Experiment die Schwester des Erfolgs.

Eine notwendiger Hinweis

Mit einigen der Übungen, zum Beispiel dem Autogenen Training, müssen Sie bereits vorher vertraut sein, wenn diese Ihnen im Ernstfall weiterhelfen sollen. Ähnlich einem komplizierten Ausweichmanöver im Straßenverkehr (das dann eher glückt, wenn Sie die Situationen vorher in einem Spezialtraining durchgespielt haben) können bestimmte Übungen nur helfen, wenn das entsprechende Verhalten bereits «eingeschliffen» und weitgehend automatisiert ist. Um das zu erreichen, üben Sie am besten in entspanntem Zustand.

III.1 Der Switch – Auf zu neuen Ufern

«Wandel und Wechsel liebt, wer lebt.»

Richard Wagner

Zeitbedarf: 10 bis 20 Minuten, auch länger möglich

Mit dieser Übung können Sie ...

* eine festgefahrene Gesprächssituation auflockern,
* die Inspiration fördern sowie die Kreativität anregen,
* eine emotional unangenehme Situation bewältigen.

Was genau ist ein «Switch»?

Abstrakt formuliert ist der Switch ein willentlich vollzogener Bruch mit der örtlichen oder thematischen Kontinuität einer Kommunikation.

Praktisch heißt dies: Sie verlassen zusammen mit Ihrem Gesprächspartner gezielt und zu einem ganz bestimmten Zeitpunkt die gewohnte Umgebung und setzen das Gespräch in einem anderen Raum fort (= Bruch mit der örtlichen Kontinuität). Der folgende Abschnitt führt detailliert aus, was genau sich hinter dieser momentan noch etwas abstrakten Beschreibung versteckt.

Wechseln Sie die Örtlichkeit

Angenommen, Sie sind mit Ihrem Geschäftspartner in eine schwierige Diskussion verwickelt. Dabei drehen Sie sich im Kreis, kommen keinen Schritt weiter. Das einzige «Resultat» besteht darin, dass die Beteiligten zunehmend erschöpft wirken.

Auf den Spuren der beschriebenen Methode schlagen Sie zunächst eine Pause vor und wechseln bei dieser Gelegenheit gleich den Ort (= Switch).

Dahinter verbirgt sich folgende Überlegung: Wie schon auf Seite 143 ff. geschildert, sind Gedanken und Gefühle auch mit

Örtlichkeiten verknüpft; in oben genanntem Fall dem Zimmer, in dem das Gespräch stattfindet. Dieser Umstand lässt sich nutzen. Verlassen wir diesen Ort, an dem zuvor das Gespräch stockte, können auch unsere Gedanken wieder in Fluss kommen.

Zwar gibt es keine verbriefte Garantie. Gleichwohl ist zu beobachten, dass gerade in schwierigen Situationen der Switch (ein Spaziergang oder bereits der Wechsel zur Kaffeeecke) das Gespräch wieder in Gang bringt: Die Gesprächspartner erfahren wohltuenden Abstand zur Situation, es kommt (nicht nur äußerlich, sondern auch gedanklich) Bewegung in die gerade noch unangenehm verfestigte Lage.

Tipp: Wenn es Ihnen schwer fällt, Ihrem Gesprächspartner zu erklären, warum Sie nicht nur eine Pause vorschlagen, sondern auch den Ort wechseln möchten, bahnen Sie das «Ereignis» ganz zwanglos an. Indem Sie zum Beispiel in einem anderen Raum einen Imbiss herrichten lassen. Sie müssen dann nur noch den Vorschlag machen, sich zur Erfrischung dorthin zu begeben.

Der Switch am Arbeitsplatz

Der Switch kann ein Zweiergespräch beleben, aber ebenso Ihre individuelle, täglich verrichtete Gedankenarbeit. Einige Unternehmen (meist US-amerikanischer Prägung) haben Erfrischungsecken eingerichtet. Dort stehen meist nicht mehr als eine gute Kaffeemaschine, kalte Getränke und ein paar Bistrotische bereit; auf dass die Mitarbeiter dort kurz «auftanken».

Ein solcher Platz ist eine intelligente Einrichtung, welche den Charakter einer Pausenecke weit übersteigt. Die Mitarbeiter können jederzeit während der Arbeit switchen. Indem sie von ihrem Platz aufstehen, eine neue Raumperspektive einnehmen, ihren Gedanken eine andere Umgebung anbieten. Sicherlich finden an diesen Plätzen des Öfteren Smalltalk-Gespräche statt, die nichts zu tun haben mit der eigentlichen beruflichen Aufgabe. In diesem Fall wirkt sich die Kaffeeecke zumindest positiv auf das Betriebsklima aus.

Gehen Sie laufen

Sie können den Switch auch einsetzen, indem Sie eine kleine Wegstrecke zu Fuß gehen.[53] Manchmal ist eine Pause nicht erwünscht (oder aus Rücksicht auf das knappe Zeitbudget nicht angebracht). Dann schlagen Sie vor, zusammen 20 Minuten spazieren zu gehen, um sich dabei weiter mit dem Thema zu befassen. Formulieren Sie ganz offen, dass Ihnen bei solchen Ausflügen die besten Gedanken kommen. Sie können das auch physiologisch begründen: mit erhöhter Sauerstoffzufuhr, weil der körpereigene Stoffwechsel dadurch angeregt wird etc.

Zugegeben: Es braucht Mut oder eine hohe Position, um «einfach so» einen Switch vorzuschlagen. Doch nur, wenn Sie zumindest einen Versuch wagen, können Sie auch erleben, welchen Gewinn der Switch bedeutet.

Wer hat den Switch «erfunden»?

Der Switch ist, wie viele erfolgreiche Techniken der Gesprächsführung, der Psychotherapie entnommen. Einer breiteren Öffentlichkeit bekannt wurde dieses Verfahren, als sich Kommunikationsfachleute vor zwei Jahrzehnten daran machten, die Vorgehensweise von hervorragenden Kommunikatoren (meist Therapeuten) zu erforschen. Die Beobachteten zeichneten sich dadurch aus, dass sie heikle Situationen gezielt und erfolgreich bewältigten.

Als wirkungsvolle Technik erwies sich auch der Switch. Die beobachteten Therapeuten haben sich aber

---

[53] Mitarbeiter eines bekannten IT-Dienstleisters nutzen hierfür den nahe liegenden Golfplatz, die Mitarbeiter einer großen Hamburger Werbeagentur gehen gerne an der Alster spazieren.

nicht auf den räumlichen Switch beschränkt, sondern auch das Gesprächsthema selbst als Chance zum Switch genutzt. Wie geht das?

Themenspringer

Beispiel: Sie kommen in einem Gehaltsgespräch einfach nicht weiter, weil Ihr Mitarbeiter überzogene Gehaltsvorstellungen vertritt. Wechseln Sie an einer passenden Stelle das Thema. Bringen Sie das Gespräch auf Erfahrungen im letzten Projekt oder fragen Sie ihn nach seinen mittelfristigen Zielen im Job.

Tipp: Beobachten Sie die Menschen in Ihrer Umgebung. Manche Gesprächspartner vollführen den Themen-Switch instinktiv – ohne Vorsatz oder Taktik. Allerdings gilt: Es ist eine Kunst, das passende Thema zu treffen, geschickt überzuleiten, ohne den Gesprächsfaden abreißen zu lassen (oder den Dialogpartner zu verärgern). Oft übersteigt dies selbst das Vermögen geschulter Therapeuten. Virtuose Gesprächsführung erfordert ein außerordentliches Kommunikationsgeschick, Fingerspitzengefühl und große Routine. Demgegenüber ist der oben skizzierte Raumwechsel leichter zu handhaben und gezielt einsetzbar.

Was genau geschieht beim Switch?

Dass es wirkt, kann jeder feststellen, der sich die Zeit nimmt, den Switch zu testen. Aber was genau steckt hinter diesem Effekt? Ohne auf die vermuteten neurologischen Zusammenhänge einzugehen, scheinen zumindest zwei prominente Faktoren am Werk zu sein. Einerseits der Aspekt, dass Ort und Handlung miteinander verknüpft sind. Andererseits der Aspekt der Bewegung.

• Ort: Die «Reset-Taste» kommt zum Einsatz

Das Phänomen: Schauplätze wichtiger Ereignisse verknüpfen sich mit den dort erlebten Emotionen. So ist das Restaurant des ersten Rendezvous kein «unbelasteter» Ort mehr. Beim bloßen Gedanken an die entsprechende Räumlichkeit kehrt unser Gehirn zusammen mit der visuellen Erinnerung auch die durchlebten Gefühle hervor. Das gilt, wann immer Menschen emotional stark beteiligt sind, auch in einem aufregenden Meeting oder in einem Streitgespräch.

So kann ein Liebespaar die besonderen Gefühle von «damals» nochmals aufleben lassen, indem es an den Ort der ersten Begegnung zurückkehrt. Andererseits besteht die Möglichkeit (wie am Beispiel des Switch geschildert), negative Stimmungen hinter sich zu lassen oder zumindest abzuschwächen. Indem die Beteiligten den emotional belasteten Ort bewusst verlassen.

• Bewegung: Der Geist wird kreativ

Die Kreativitätsforschung spricht davon, dass körperliche Bewegung – und seien es nur ein paar hundert Meter im Gehen – auch den Geist in Bewegung bringen kann.

Auch abseits solcher Erkenntnisse existieren Anhaltspunkte, dass der Geist des Menschen körperlicher Bewegung nicht gleichgültig gegenübersteht. Passionierte Läufer berichten, dass ihnen die besten Einfälle beim Laufen kommen. Bis heute gehört zum Fundament der modernen Geistesgeschichte eine philosophische Schule, die auf «manische» Spaziergänger zurückgeht. Diese Peripatetiker (von «peripatein» = umherwandern) haben Denken und Bewegen systematisch miteinander verknüpft. Denken und Gehen bildeten für diese philosophische Schule (deren berühmtester Vertreter Aristoteles ist) eine notwendige Einheit, um das Leben in seiner Tiefe zu erforschen.[54]

---

[54] Siehe dazu: Brainwalk – Beratung in Bewegung, Seite 145.

III.2 Die Kurzmeditation

«Nur die Ruhe ist die Quelle
jeder großen Kraft.»

Fjodor Dostojewski

Zeitbedarf: 5 bis 15 Minuten

Mit dieser Übung können Sie ...

* Zerstreuung und Unruhe des Geistes wirksam begegnen,
* wohltuend Abstand gewinnen von dem, was Sie unangenehm beschäftigt,
* Ihre Gedanken sammeln und sich konzentrieren.

Eine Voraussetzung

Es ist entscheidend für den Erfolg dieses Verfahrens, dass Sie sich wirklich darauf einlassen können. Eventuell ist es notwendig, die Konzentrationsübungen erst einmal in privater Ruhe durchzuführen, fernab des fordernden Zugriffs unseres hektischen Alltags. Wenn die Methode zunächst unter diesen Bedingungen erprobt wird, können auch schwierigere Rahmenbedingungen Sie später nicht aus der Ruhe bringen.

So führen Sie die Übung durch

* Sorgen Sie dafür, dass Sie nicht gestört werden. Setzen Sie sich so auf einen Stuhl, dass Ihre Füße über die ganze Sohle Kontakt mit dem Boden halten. Das Becken ist aufgerichtet, als wenn ein unsichtbarer Faden Sie am Scheitel nach oben ziehen würde. Der Rücken ist gerade, lehnen Sie sich nach Möglichkeit nicht an die Lehne.

- Schließen Sie die Augen und atmen Sie zehnmal ruhig aus und ein. In einem nächsten Schritt machen Sie sich ein Bild von allem, was Sie an Zerstreuung und Belastungen über den Tag hin «aufgesammelt» haben. Stellen Sie sich vor, dieser Ballast würde an Ihrem Körper haften: in Form einer Schlammkruste oder als einzelne Schmutzflecken. Nun lassen Sie in Ihrem Geist eine imaginäre Brause all das wegspülen, was Sie loswerden wollen: Sorgen, Irritationen, Streit ... Wenn die Dusche nach etwa einer Minute an Ihren Füssen angekommen ist, können Sie den «Reinigungsvorgang» nochmals wiederholen (um in Ihrer Vorstellung auch die letzten Reste zu beseitigen) oder Sie wenden sich erneut Ihrer Atmung zu und damit dem nächsten Schritt.

- Atmen Sie gleichmäßig aus und ein. Achten Sie darauf, wie der Atem in Ihren Körper kommt und wie er ihn wieder verlässt. Wenn Ihnen die Technik der Bauchatmung vertraut ist (bei welcher die Muskeln des Zwerchfells die Lungen füllen und leeren), verlegen Sie sich auf diese.

- Zählen Sie innerlich die einzelnen Züge beim Ausatmen. Vermeiden Sie es, die Tiefe Ihrer Atemzüge zu steuern. So wie der Atem Ihre Lunge füllt, ist es gerade richtig. Wenn Sie zehn Atemzüge gezählt haben, beginnen Sie wieder bei eins. Das Zählen hilft, beim Atem zu bleiben, sich ganz darauf zu konzentrieren.

- Wahrscheinlich werden Sie immer wieder abschweifen in Gedanken. Stoßen Sie sich nicht daran. Kehren Sie einfach immer wieder zu Ihrem Atem zurück: Das ist die entscheidende Sammlungsbewegung in dieser Übung! Nach mindestens 5, spätestens nach 15 Minuten tauchen Sie langsam wieder auf in die Gegenwart. Dies gelingt leicht, indem Sie die Augen öffnen, die Konzentration jedoch für weitere zehn Atemzüge beibehalten. Anschließend lassen Sie Ihre

Gedanken langsam wieder frei und orientieren sich vorsichtig an dem, was nun ansteht zu tun.

Noch zwei praktische Hinweise

- **Die Übungszeit**

Zu Beginn einer solchen Übung ist es nicht einfach, die Zeit richtig einzuschätzen. Mit wachsender Routine gelingt dies immer besser. Damit Sie sich, was den Zeitrahmen angeht, optimal orientieren können – folgender Vorschlag: Führen Sie die Übung mit halb geschlossenen Augen durch. Vor sich legen Sie eine kleine Digitaluhr, deren Wecksignal in dem Blinken eines LED besteht. So vermeiden Sie, dass Sie abrupt von einem akustischen Signal aus der Übung gerissen werden, bevor Sie innerlich dazu bereit sind.

- **Die Müdigkeit**

Bei aktueller Müdigkeit ist es ratsam, die Übung mit halb geschlossenen Augen durchzuführen. Auf diese Weise erschweren Sie dem Sandmann die Arbeit!

III.3 Autogenes Training[55]

«Erholung ist die Würze der Arbeit.»

Plutarch

Zeitbedarf: 2 bis 3 Minuten – bis zu dreimal täglich

Mit dieser Übung können Sie ...

- sich regenerieren (nach emotionaler oder körperlicher Belastung),
- sich erholen wie durch einen Mittagsschlaf,
- Zeiten starker Belastung kompensieren,
- ein Entspannungsritual entwickeln, das jederzeit abrufbar ist.

Das Prinzip

Autogenes Training nutzt eine besondere Eigenschaft des menschlichen Körpers. Unter bestimmten Bedingungen kann unser Organismus physiologisch nachvollziehen, was der Verstand sich vorstellt. Diesen Zusammenhang haben Sie wahrscheinlich schon selbst erfahren: Wenn Sie an etwas Angenehmes gedacht haben und es Ihnen – wie man es umgangssprachlich nennt – «heiß» wurde. Oder wenn es Ihnen bei etwas Unangenehmem «kalt den Rücken herunterläuft». Diese Erfahrungen weisen darauf hin, dass eine Vorstellung im Geist eine Reaktion im Körper hervorrufen kann. Wird dieses Phänomen gezielt und willkürlich eingesetzt, bezeichnet man es als Autosuggestion (= Selbstbeeinflussung).

[55] Die sanierende Wirkung des Autogenen Trainings ist mittlerweile durch eine Vielzahl von klinischen Studien belegt.

Die Wirkungen des Autogenen Trainings sind weiträumig erforscht. Aufgrund ihrer Effektivität gehört diese Übung zu den Klassikern. Insbesondere wenn es darum geht, sich in relativ kurzer Zeit intensiv zu erholen. Wenn Sie sich näher mit dem Thema beschäftigen möchten, findet sich zahlreiche Literatur dazu. Aber Sie müssen nicht alles lesen! Für die klassische Form des Autogenen Trainings (benannt nach seinem Begründer, Prof. Dr. J. H. Schultz) existiert auf knapp 40 Seiten eine klare, verständliche Anleitung.[56] Der Autor beschreibt sechs aufeinander aufbauende Übungsstufen. Für die Auszeit S beschränken wir uns auf die ersten beiden Stufen. Diese sind relativ leicht zu erlernen und führen auch bei einem Zeitbudget von nur wenigen Minuten zu beeindruckenden Erfolgen.

Selbsthypnose – Der Ursprung des Autogenen Trainings

Das Autogene Training, auch beschrieben als «Konzentrative Selbstentspannung», wurde in den dreißiger Jahren vom Berliner Arzt Prof. Dr. Johannes Schultz entwickelt. In den folgenden Jahrzehnten optimierte er die Methode. Dienlich waren ihm dabei Erkenntnissen, die er aus der Hypnose gewann.

Entscheidender Unterschied: Statt von einem Dritten hypnotisiert zu werden, führt man sich beim Autogenen Training selbst in eine leichte Trance. Ziel: positiv Einfluss zu nehmen auf den psycho-physischen Zustand des Körpers.

---

[56] Prof. Dr. J. H. Schultz: Das Original-Übungsheft für das Autogene Training.

217

So gelingt diese Übung

Führen Sie die folgenden Übungen im Sitzen oder Liegen durch. Bei Letzterem begeben Sie sich in die Rückenlage und strecken Ihren Körper lang aus. Die Fußspitzen fallen locker nach außen, die Arme sind in den Ellbogen leicht gebeugt und liegen in dieser Haltung bequem neben dem Körper.

- **Stufe I: Entspannen Sie Ihre Muskulatur**

Legen Sie sich flach auf den Rücken, öffnen Sie leicht die Beine und schließen Sie die Augen. Konzentrieren Sie sich auf einen der beiden Arme, sprechen Sie langsam und wiederholt einen ähnlichen Satz wie: «Der Arm ist schwer.» Wenn sich nach einiger Zeit ein Schweregefühl einstellt, so ist dies ein Zeichen, dass der Muskeltonus sinkt. Die muskuläre Entspannung greift. Konzentrieren Sie sich anschließend (mit derselben Formel) auf den anderen Arm. Üben Sie zunächst lediglich ein bis zwei Minuten, bis zu dreimal täglich. Vermeiden Sie dabei jeglichen Zwang. «Müssen» bewirkt eine Verkrampfung, welche dem gewünschten Ergebnis entgegenarbeitet.

Geben Sie dem Körper Zeit! Während Einzelne bereits nach ein- oder zweimaligem Üben ein Schweregefühl empfinden, spüren andere dies erst nach fünf oder zehn Sequenzen.

Schließen Sie jedes Training ab, indem Sie …

- die Arme ein paar Mal kräftig anspannen und beugen,
- tief einatmen und ausatmen,
- und zuletzt erst die Augen öffnen.

Dadurch stellen Sie sicher, dass der Körper wieder in seinen normalen Rhythmus findet.

Wenn es Ihnen nicht möglich ist, sich während der Übung hinzulegen?

In diesem Fall setzen Sie sich auf einen Stuhl oder Sessel und nehmen den so genannten Droschkenkutschersitz ein. Dazu formen Sie einen runden Rücken, legen die Arme in den Schoß und lassen den Kopf locker nach vorne fallen; als wenn Sie sehr traurig wären. Finden Sie heraus, ob es Ihnen dabei angenehmer ist, sich in der Hüfte von der Lehne abstützen zu lassen. Oder ob Sie lieber «frei hängen».

Und so geht es weiter ...

Spüren Sie nach einiger Zeit, dass die Arme (auf die Sie sich konzentriert haben), schwer werden, wenden Sie sich den Beinen zu.

Nach ein bis zwei Wochen täglicher Übung werden Sie in der Lage sein, innerhalb kurzer Zeit Arme und Beine in die Entspannung zu führen. Achtung: Behalten Sie auch dann eine Übungszeit von maximal drei Minuten bei.

Noch zwei praktische Hinweise zu Stufe I

Erstens: Nicht immer hält sich der Körper genau an das, was Sie ihm vorsagen: Spüren Sie beispielsweise, dass das Schweregefühl den anderen Arm erfasst (statt denjenigen, auf den Sie sich konzentrieren), wenden Sie Ihre Aufmerksamkeit einfach beiden Armen zu. Sagen Sie sich vor: «... die Arme sind schwer.» Gleiches gilt für die Übung mit den Beinen.

Zweitens: Vermeiden Sie jedes angestrengte Wollen, indem Sie die Übungszeit bei maximal drei Minuten halten. Brechen Sie nach dieser Zeit konsequent ab: unabhängig davon, ob sich eine Wirkung eingestellt hat oder nicht.

- **Stufe II: Erfrischen Sie den ganzen Organismus**

Nach zwei bis drei Wochen stellt sich das erwünschte Schweregefühl zügig ein. Sprechen Sie nun statt Ihrer üblichen «Formel» gedehnt das (Arme und Beine umgreifende) Wort «schweeer» oder alternativ das Wort «Schweeeere».

Wenn der Schwerezustand einsetzt, konzentrieren Sie sich erneut auf die Arme und denken: «Die Arme sind warm.» Fällt es Ihnen leichter, sich ausschließlich auf einen Arm zu konzentrieren, dann verfahren Sie so.

Spüren Sie nach einigem Üben (zunächst zögerlich, dann immer deutlicher) ein entsprechendes Wärmegefühl, geschieht das deshalb, weil die Blutversorgung in den entsprechenden Gebieten intensiviert ist. Das bedeutet, dass auf den «Autobahnen», die den Körper mit Nährstoffen versorgen, in diesem Moment verstärkt Nährstoffe herbeitransportiert sowie verbrauchte Stoffwechselprodukte abtransportiert werden. Der gesamte Organismus regeneriert sich nun vertieft.

Fühlt sich Ihr Körper bereits innerhalb der ersten 30 Sekunden schwer und warm an, behalten Sie diesen Zustand bei: aber nicht länger als drei Minuten! Die Gefahr einzuschlafen ist zu groß, und der Schlaf unterläuft die positive Wirkung des Autogenen Trainings. Lieber wiederholen Sie die Übung bis zu dreimal täglich.

Ausblick

Die Grundstufe des Autogenen Trainings besteht aus vier weiteren Abschnitten. Kommen Sie mit den ersten beiden Stufen des Autogenen Trainings gut zurecht (und sind Sie neugierig auf die weiteren Möglichkeiten), können Sie sich entweder mit der angegebenen Literatur beschäftigen. Oder Sie machen es sich leichter und besuchen einen angeleiteten Kurs an der Volkshochschule, bei einem privaten Institut oder in einer Arztpraxis.

III.4 Die befreiende Perspektive

«Die Welt erscheint uns als eine
Antwort; die davon abhängt,
welche Frage wir ihr stellen.»

Stanislaw Brzozowski

Diese Methode legt uns nahe, dass eine persönliche Ansicht oder Meinung, die wir für korrekt halten, stets realtiv ist. Sie könnte auch ganz anders lauten, wenn wir nur eine andere «Brille» aufsetzen würden. Damit tritt diese Übung unseren persönlichen Vorstellungen, unserer Sicht der Dinge, respektlos gegenüber – und das ist gewollt.

Zeitbedarf: 2 bis 15 Minuten, auch länger

Mit dieser Übung können Sie ...

- eine bedrückende, verengende oder schmerzhafte Perspektive in eine angenehmere «Aussicht» verwandeln,
- einen Zuwachs an Freiheit und Flexibilität in Meinungsdingen erzielen,
- die Dinge in einem neuen Licht betrachten.

• Beispiel I: Ärger im Straßenverkehr

Sven Schröder ärgert sich, dass ihm frühmorgens immer wieder Verkehrsteilnehmer auf der Strasse begegnen, die sich rücksichtslos verhalten. Einem Freund gegenüber äußert er: «Man hat den Eindruck, es sind nur Idioten unterwegs. Das regt mich auf.»

Der Freund, Psychologe von Beruf (und schon aus professionellen Gründen an der Einführung alternativer Perspektiven interessiert), hat eine Eingebung. Er stellt daraufhin eine Frage: «Ist das auch abends so, wenn du nach Hause fährst?»

Schröder: «Nein, das kann ich nicht behaupten ...»

Freund: «Hast du eine Idee, woran das liegen könnte?»

Schröder: «Eigentlich nicht.»

Freund: «Könnte es sein, dass die Menschen abends einfach wacher sind als um 6.00 Uhr morgens – und dass sie deshalb auch rücksichtsvoller fahren?!»

Schröder (nachdenklich): «Vielleicht ...»

Freund: «Das würde dann vielleicht bedeuten, dass es die Autofahrer morgens nicht etwa auf dich abgesehen haben, sondern einfach ihr Fahrzeug nicht besser beherrschen ...?!»

Ist das banal?

Ein solches Beispiel mag banal klingen für den, der nicht direkt davon betroffen ist. Für den Akteur aber, welcher die Dinge plötzlich in einem neuen Licht, durch eine ungewohnte Brille sieht, kann die perspektivische Alternative einen Durchbruch bedeuten. Das Ergebnis: mehr Übersicht, ein Erklärungsmuster, eventuell mehr Lebensqualität

Tipp: Ein Mitdenker erleichtert das Experiment, von eigenen Ansichten abzurücken und sich Gewinn bringend von diesen zu emanzipieren. Häufig erkennt ein Außenstehender besser, welche Alternative einen Fortschritt bedeuten könnte, auf dem Weg zu einer treffenderen Beurteilung der Dinge.

Das ist der Grund, warum Berater darauf achten müssen, dass sie sich nicht zu sehr von der Perspektive des Klienten vereinnahmen lassen. Eine der wichtigsten Leistungen in der Beratung besteht nämlich darin, festgefahrene Sichtweisen durch neue Blickwinkel aufzuweichen. Wer aber «zu nah dran» ist, wird von dem gefangen genommen, was sich unmittelbar vor den eigenen Augen abspielt. Überraschende Einsichten zeigen sich bei einem solch engen «Verhältnis» eher selten.

• Beispiel II: Lärm in der Wohnung

Im Studio einer Freundin fiel einer Frau sofort der Lärm auf, welcher von der Strasse nach oben drang. Nachdem sie die zwei Zimmer einmal «durchwandert» hatten (und die Besucherin sie vorsichtig darauf ansprach), meinte die Wohnungsinhaberin: «Am Anfang hab ich mich da auch dran gestört. Bis ich mir irgendwann vor Augen geführt habe, dass Straßenlärm aus lauter einzelnen Lebenszeichen von Menschen besteht wie ich selbst einer bin. Wenn es mal zu laut wird, freue ich mich einfach darüber, dass es um mich herum so lebendig zugeht ...»

Das meint sie nicht ernst, oder?

Der Autor beschreibt dieses Beispiel nicht, weil es ihm besonders gut eingängig ist. Im Gegenteil, es liegt ihm eher fern. Er selbst reagiert sehr stark auf Lärm. Außer der Möglichkeit, sich aktiv davor in Schutz zu bringen, fand er bisher keinen anderen Weg, damit umzugehen. Vor diesem Hintergrund wirkt die Interpretation der Frau «unanständig einfach». Für ihn passt sie auch nicht.

Tatsächlich sind perspektivische Lösungen sehr individuell angelegt. Sie gelten nicht für alle, sondern lediglich für diejenige Person, die darin eine Chance für sich entdeckt.

• Beispiel III: Ärger in der Agentur

Marina Ferenzo, Art Director in einer Hamburger Werbeagentur, beklagt sich über ihre unselbstständigen Mitarbeiter, die «nichts auf die Reihe bringen», wenn sie nicht da ist (zum Beispiel einen Kundentermin wahrnimmt). Während einer Teamsitzung eskaliert der Streit: Ein Kundenauftrag ist geplatzt, weil niemand im Team die Verantwortung übernehmen wollte für eine fällige Entscheidung. Ferenzo sucht Hilfe in der persönlichen Beratung.

223

In einem längeren Gespräch freundet sich die Managerin mit einer neuen Perspektive an. Diese unterstellt einen Zusammenhang zwischen der beklagten «Unselbstständigkeit» der Mitarbeiter und Ferenzos Drang, jeden Projektschritt genau zu kontrollieren. Sie gibt alles möglichst bis ins Detail vor. Ferenzo: «Das hieße ja, wenn ich das mal drastisch formuliere, ich erziehe die Kollegen zur Unselbstständigkeit. Dabei möchte ich doch nur, dass nichts schief geht.»

Der Berater erwidert: «So könnte man es sehen ... Und wenn das tatsächlich stimmt, dann können Sie auch nicht erwarten, dass diese Leute plötzlich die Initiative ergreifen und selbstständig handeln, wenn sie einmal auf sich alleine gestellt sind ...»

Die Meinung anderer für sich nutzen

Natürlich können wir unsere Perspektiven nicht beliebig austauschen. Doch wir können uns offen halten für alternative Sichtweisen, die andere Menschen uns anbieten.

Wenn jemand eine andere Sicht der Dinge vertritt, identifizieren wir das schnell als einen persönlichen Angriff. Wir können diese vermeintliche Attacke aber auch spielerisch aufnehmen. Als einen Vorschlag, eine «Brille» aufzusetzen, die wir bis jetzt noch nicht zur Verfügung hatten.

Wenn wir es wagen, auf diese umsichtige Weise «respektlos» mit unserer Meinung umgehen, dann erhalten wir dafür ermutigenden Rückenwind von der Wahrnehmungsforschung. Sie betont, dass – grob formuliert – die Welt nicht ist, wie sie ist, sondern so erscheint, wie jeder von uns sie im Einzelfall für sich interpretiert.

«Dummheit» und mangelnde Übersicht im Leben scheinen in diesem Licht weniger eine Folge des Bildungsgrades zu sein als vielmehr das Ergebnis eines perspektivischen Fundamentalismus; unter dessen Eindruck hält man für absolut wahr, was doch nur eine unter vielen Sichtweisen ist.

So führen Sie die Übung durch

Im Zentrum der folgenden Übung steht eine Haltung, welche von innerer Flexibilität geprägt ist.

Zunächst die Theorie: Gehen Sie bei der Beschreibung eines Sachverhalts einen Schritt zurück: von der Stufe der Bewertung auf die Stufe der Beschreibung. Dabei ist es von großem Vorteil, wenn eine unbeteiligte Person mitdenkt.

Haben Sie diesen ersten Schritt vollzogen, dann bewerten Sie von dieser objektivierten Warte aus das Ereignis neu, alleine oder zu zweit. Zuletzt überprüfen Sie, ob Sie sich mit dieser neu gewonnenen Perspektive anfreunden können.

In der Praxis

Praktisch formuliert heißt das für das Beispiel von Seite 221: Von der Bewertung, «… auf der Strasse gibt es nur aggressive und rücksichtslose Menschen, die es auf mich abgesehen haben», geht es zurück zur Beschreibung des Geschehnisses. Machen Sie sich dabei die Sicht eines unvoreingenommenen Beobachters zu eigen. Wie würde ein solcher das Ganze (emotionslos, aus der Vogelperspektive heraus) betrachten? Hier: «Die Menschen bewegen sich unachtsam im Straßenverkehr.»

Erst dann fragen Sie, was denn der Grund dafür sein könnte. Sie spielen mehrere Varianten durch, beispielsweise: «Vielleicht sind die Leute so früh am Morgen noch nicht auf der Höhe ihrer Leistungsfähigkeit. Dann tun sie das nicht absichtlich, sondern können es einfach nicht besser.» Oder: «Vielleicht bin ich selbst noch nicht richtig wach um diese Zeit. Bin ich eventuell eher Anlass als Opfer?!»

Die Fantasie machts

In diesem Prozess spielt die Fantasie eine wichtige Rolle. Nachdem Sie in einem ersten Schritt zu Ihren «Überzeugungen» auf Distanz gegangen sind, ist nun Ihre Vorstellungskraft gefragt – oder diejenige Ihres Mitdenkers.

Tipp: «Spinnen» Sie zunächst wild drauflos. Prüfen Sie erst danach, welche Sichtweise Sie für angemessen halten, um sie dann zu übernehmen.

Nichts für Starrsinnige

Natürlich ist diese Übung nichts für Menschen, die von ihrer eigenen Meinung nicht abrücken können. Wer die eigene Wahrnehmung für den humanoiden Abkömmling göttlichen Erkenntnisvermögens hält, sieht sich der persönlichen Perspektive mitunter schutzlos ausgeliefert. Im günstigeren Fall aber, wenn Menschen bereit dazu sind, Fremdperspektiven integrierend zu verarbeiten, ist ein Mehrwert garantiert. Dieser besteht in einem Gewinn an Lebensqualität, aber auch an persönlicher Glaubwürdigkeit.

III.5   Übungen aus der spirituellen Tradition

> «Tradition pflegen heißt nicht, Asche aufbewahren, sondern, Glut am Glühen halten.»
>
> Jean Jaurès

Hier finden Sie Übungen, die in verschiedenen Religionen und spirituellen Traditionen wurzeln. Als solche können Sie in der Regel keine wissenschaftliche Expertise ins Feld führen, anhand derer man genau nachvollziehen könnte, was da wirkt – und in welcher Weise.

Doppelblindstudien und andere wissenschaftliche Instrumente bieten aber nicht den einzigen Weg, um den Wert einer Übung oder Methode festzustellen. Mit den folgenden Verfahren hat eine Vielzahl von Menschen überzeugende persönliche Erfahrungen gesammelt. Deswegen wurden sie über lange Zeiträume hinweg überliefert. Grund genug, um ihnen einen außerordentlichen Beitrag zum Thema «Auszeit» zuzutrauen.

Wie es Ihnen gefällt ...

Mehr noch als bei anderen Methoden gilt hier: Sie müssen individuell entscheiden, was Ihnen entspricht, worauf Sie sich einlassen wollen und können. Manchmal ist dies nicht so leicht zu entscheiden, wenn weder Anziehungskraft noch Vorbehalt wirklich überzeugen können. Für diesen Fall wünscht sich der Autor den mutigen Leser, welcher sich im Zweifel für einen Test entscheidet.

III.6 Konzentrieren Sie sich

«Das Geheimnis allen geistigen
Schaffens ist die Sammlung.»

Othmar Spann

Sie befinden sich in einer reizintensiven Umgebung – sind zerstreut und unkonzentriert. Für heute haben Sie sich viele Termine vorgenommen. Aber es ist keine Zeit oder kein Raum, sich zurückzuziehen, um sich zu sammeln.

Frage: Müssen Sie mit dem Auto (oder zu Fuß) eine Wegstrecke zurücklegen? In dieser Situation können Sie eine einfache und effektive Übung nutzen.

Zeitbedarf: 5 bis 10 Minuten

Mit dieser Übung können Sie ...

- sich konzentrieren und sammeln (in einer als hektisch empfundenen Umgebung),
- zur Ruhe kommen in einer mit Reizen überfluteten Atmosphäre.

So führen Sie die Übung durch

Nehmen Sie zunächst ganz bewusst wahr, wie die Dinge um Sie herum Ihre Aufmerksamkeit binden. Ob Sie durch eine Fußgängerzone gehen, sich in einem Flughafen befinden, in einem Taxi oder am Bahnhof – die Eindrücke gleichen sich: laute Stimmen, ein interessanter Mann, eine interessante Frau, ein Bild, eine groß dimensionierte Werbefläche ...

Richten Sie nun, gegen den Sog dieser Reize, die «Augen» nach innen. Das sieht zunächst so aus, dass Sie Ihren Blick nicht mehr frei flanieren lassen, sondern nur noch so viel an Bildern und Eindrücken aus Ihrer Umgebung aufnehmen, wie Sie benötigen, um sich «unfallfrei» fortzubewegen.

Widerstehen Sie ganz bewusst jener Strömung, die Ihre Aufmerksamkeit wieder anziehen und zerstreuen will.

Die nächste Aufgabe: Sind Sie gerade in Bewegung, dann achten Sie jetzt genau auf Ihren Weg. Wie Sie jeden Ihrer Schritte setzen, wie es sich anfühlt, wenn die Füße auf dem Boden abrollen. Stehen oder sitzen Sie gerade, dann konzentrieren Sie sich auf Ihren Atem, wie er den Körper durchströmt und ihn kurz darauf wieder verlässt.

Bleiben Sie für 5 bis 10 Minuten bei dieser Übung. Indem Sie mit dieser Art von «Tunnelblick» die reizdichte Umgebung kontrastieren, wird sich in Ihnen eine Insel der Ruhe ausbreiten.

III.7 Kommen Sie zur Ruhe

«Fürchte nicht, langsam zu gehen.
Fürchte nur, stehen zu bleiben.»
Chinesisches Sprichwort

Zeitbedarf: 5 bis 10 Minuten

Mit dieser Übung können Sie ...

- Ihre zerstreute Aufmerksamkeit sammeln,
- zurückfinden zu Ruhe, Konzentration und gedanklicher Klarheit.

So führen Sie die Übung durch

Diese Übung ist in der Tradition des Zen weit verbreitet. Sie benötigen dafür nichts als Ihren Atem, Ihre Schritte und einen Weg, auf dem Sie ungestört gehen können.

Gehen Sie ruhig vor sich hin und nehmen Sie ein angenehmes Tempo auf, das von Hektik nichts weiß.

Konzentrieren Sie sich dann einige Schritte lang auf das linke Bein, später auf das rechte Bein. Spüren Sie nichts anderes als nur den Schritt: Wie die Ferse aufsetzt, wie der Fuß abrollt, wie sich das Gewicht langsam auf das Bein verlagert, während es die Zehen erreicht.

Verbinden Sie anschließend Ihre Schritte mit dem Atem, indem Sie zählen: eins – zwei – drei (dabei einatmen), eins – zwei – drei (dabei ausatmen). Es ist unwichtig, wie viele Schritte Sie pro Atemzug benötigen. Entscheidend ist, dass Sie einen festen Rhythmus finden und konzentriert bei Ihrer Übung bleiben.

An dieser Stelle noch ein vertiefender Hinweis: Lassen Sie bei dieser Übung Ihre Umwelt in aufmerksamer Teilnahmslosigkeit an sich vorüberziehen. Dieses Zen-Paradoxon beschreibt, dass es möglich ist, die Außenwelt zwar wahrzunehmen, ohne aber seine Aufmerksamkeit daran zu binden.

Variationen der Übung

Diese Übung können Sie auf dem Weg zur Mittagspause durchführen oder während des Transfers zum Flughafenterminal. Genauso eignet Sie sich für zu Hause oder für das Arbeitszimmer. Wenn ein Ort über wenig Gehfläche verfügt, setzen Sie Ihre Schritte langsamer auf und schreiten zum Beispiel ein Viereck in Ihrem Arbeitszimmer ab. Gleichzeitig atmen Sie auf einen Schritt ein und auf den nächsten wieder aus. Sind Sie unbeobachtet bzw. müssen keine fragenden Blicke aus Ihrer Umgebung befürchten, können Sie die Schuhe ausziehen. Dadurch verstärkt sich die kinästhetische Wahrnehmung an den Füssen.

III.8   Entspannen Sie sich

> «Apropos Gehen: wohin sollten wir
> gehen, wenn nicht nach innen?»
> Doris Lessing

Zeitbedarf: 5 bis 7 Minuten

Mit dieser Übung können Sie …

- sich in kurzer Zeit entspannen,
- sich passiv erholen.

So führen Sie die Übung durch

Legen Sie sich auf den Rücken und atmen Sie für eine Minute ruhig aus und ein.

Sammeln Sie dann Ihre Aufmerksamkeit, indem Sie wahrnehmen, wie Sie mit dem Körper auf der Unterlage aufliegen. Fangen Sie mit den Zehen an und «tasten» Sie sich über die Unterschenkel, das Gesäß, den Rücken, die Arme und den Kopf nach oben.

Beobachten Sie nun eine weitere Minute mit geschlossenen Augen, wie der Atem Ihre Lungen füllt und diese wieder verlässt.

Im nächsten Schritt sprechen Sie das Wort Ruhe: beim Einatmen «Ru-» und beim Ausatmen «-he». Bleiben Sie zwei bis drei Minuten dabei. Sie müssen nicht laut sprechen, sondern können das Wort innerlich verbalisieren. Schließen Sie die Übung ab, indem Sie die Arme im Ellbogen einmal beugen und dabei kräftig anspannen. Das bringt Ihre Armmuskulatur wieder in einen alltagstauglichen Tonus.

Hinweis

Sollte Ihnen schwindelig werden, beenden Sie die Übung sofort! Das Schwindelgefühl ist ein Zeichen dafür, dass Sie zu tief eingeatmet haben (= Hyperventilation). Atmen Sie ganz normal bei dieser Übung, ohne betont tiefe oder lange Atemzüge.

III.9   Gewinnen Sie an Vitalität

«Am Anfang war der Rhythmus.»
Hans von Bülow

Es gibt Tage und Ereignisse, die machen es einem Menschen nicht leicht zu zeigen, was er eigentlich ist und kann. Unter dem Druck, vielen Anforderungen nachzukommen, am besten noch gleichzeitig, schwindet das Gefühl für den eigenen Rhythmus und die persönlichen Fähigkeiten.

Zeitbedarf: 2 bis 3 Minuten

Mit dieser Übung können Sie ...

- unter den vielen Fremdrhythmen den eigenen Rhythmus wiederfinden,
- Vitalität gewinnen durch Bewegung,
- sich selbst und Ihr Potenzial verstärkt wahrnehmen.

So führen Sie die Übung durch

Stehen Sie aufrecht und locker, die Beine schulterbreit, Knie und Hüfte sind leicht gebeugt. Insgesamt sollten Sie einen guten Stand haben.

Gehen Sie nun noch etwas stärker in die Knie. Dabei bringen Sie die Hände mit gestreckten Armen zusammen, auf Höhe Ihres Schritts. Die Hände berühren sich leicht an den Handrücken. Der Rücken bleibt gerade: So, als ob Sie eine schwere Last aus den Beinen heraus vom Boden heben wollten.

Während Sie nun langsam – aus den Knien – in die Streckung gehen, ziehen Sie auch die Hände nach oben. Sie tun dies, indem Sie die Arme in den Ellbogen beugen. Mit Ihrer Körperbewegung ahmen Sie die Säule einer Wasserfontäne nach. Etwa auf Schulterhöhe gehen die Hände dann auseinander, die Arme werden gestreckt und öffnen sich wie der Wasserstrahl einer Fontäne – um in einem breiten Fächer auseinander zu fallen. Am Höhepunkt der Bewegung stehen Sie kurz auf Ihren Zehenspitzen, strecken Ihre Arme in den Himmel. Danach vollenden Sie (mit gestreckten Armen) die Fallbewegung des Wassers, indem Sie diese seitlich an Ihrem Körper in einem Kreisbogen nach unten führen. Gehen Sie zu Ende der Bewegung wieder leicht in die Knie und beginnen Sie von vorne, indem Sie die Hände an den Handrücken zusammenbringen. Diese Übung können Sie mehr oder weniger dynamisch durchführen. Atmen Sie ein, während Sie sich aufrichten. Strecken Sie sich im Scheitelpunkt der Bewegung aktiv; als ob Sie den ganzen Himmel zwischen Ihren Händen aufnehmen wollten. Wiederholen Sie die Fontäne mindestens zwei Minuten lang. Erst wenn Sie die Bewegung als flüssig empfinden, sie quasi automatisiert ist, können Sie die Übung gut beurteilen. Prüfen, ob Sie auch in Ihrem Fall hält, was die lange Tradition verspricht.

III.10 Ganz Ohr: Regeneration auf Chinesisch

«Ich fühle, dass Kleinigkeiten das Leben ausmachen.»

Charles Dickens

In der Traditionellen Chinesischen Medizin gilt das Ohr als eine Art körpereigener Reanimateur. Nach asiatischer Vorstellung sind die Ohren (über Energiebahnen) mit sämtlichen Organen des Körpers verbunden. Für westlich geprägte Menschen ist es erfahrungsgemäß schwierig, solche Auslegungen nachzuvollziehen. Doch angesichts der Erfolge, mit denen Akupunktur – sowie die hier beschriebene Akupressur – inzwischen der westlichen Medizin «unter die Arme» greift, muss dies wohl als eindringliche Anfrage an unser modernes Weltbild gelten. Bedarf es vielleicht einer Modernisierung?

Zeitbedarf: 1 bis 2 Minuten

233

Mit dieser Übung können Sie ...

- sich in sehr kurzer Zeit körperlich erfrischen,
- Selbstheilungspotenziale des Körpers anregen.

So führen Sie die Übung durch

Setzen oder stellen Sie sich ruhig hin. Atmen Sie zehnmal in normalem Atemrhythmus aus und ein.

Fassen Sie anschließend mit der rechten Hand das rechte Ohrläppchen zwischen Daumen und Zeigefinger. Massieren Sie das Ohr mit so viel Druck, wie es gerade angenehm ist, von unten nach oben – am Rand entlang. Wiederholen Sie diese Anwendung auf jeder Seite zwei- bis dreimal.

Hinweis:
Häufig bewirkt diese Übung nicht nur in den Ohren eine stärkere Durchblutung, auch in anderen Körperregionen breitet sich ein warmes Gefühl aus. Dies ist ein Zeichen dafür, dass die erwünschte Anregung intensiv greift.

III.11 Powernapping: Schlafen Sie sich fit

«Schlafentzug macht dumm und müde.»
Prof. Dr. Jürgen Zulley

Wir beschließen das Kapitel «Auszeit S» mit dem Thema Schlaf. Der Nachtschlaf ist nicht die einzige Form, sich zu erholen. Ein mehrminütiger Kurzschlaf (bekannt als «Powernapping») kann Wunder wirken.

Zeitbedarf: 5 bis 20 Minuten, möglichst nicht länger

Mit dieser Übung können Sie ...

- das mittägliche Leistungsloch wirksam entschärfen,
- sich in schlafarmen Zeiten kurzfristig Luft verschaffen,
- sich regenerieren zwischen zwei anstrengenden Arbeitsphasen.

Schlapp statt fit?

Um es gleich vorwegzunehmen: Seien Sie nicht erstaunt, wenn Sie nach einem solchen Kurzschlaf nicht gleich platzen vor Energie. Die meisten Menschen benötigen etwa eine Viertelstunde, um wieder ganz wach zu werden nach einem «Nickerchen».

Auch wenn der subjektive Erholungseffekt nicht gleich einsetzt, beweisen objektive Messungen (an Piloten, Autofahrern und Angestellten) das Gegenteil: Die Schläfer sind ausdauernder, leistungsfähiger und machen weniger Fehler bei ihrer Tätigkeit.[57]

Gegen den Kurzschlaf spricht also nichts: außer dem offensichtlich tief verankerten Vorurteil, welches das «Schläfchen zwischendurch» mit Faulheit in Verbindung bringt. Verschärft wird dieser Umstand von dem verbreiteten Mythos des Übermanagers, der sich solchen «Schwächen» gar nicht erst hingibt.

Die Wirkung dieses stabilen Vorurteils (Kurzschlaf = Trägheit) ist verheerend. Zwar spricht nach den vorliegenden wissenschaftlichen Studien alles für die Institution des Kurzschlafes – damit Mitarbeiter effizient und fehlerarm arbeiten. Aber die tatsächliche Lage verhindert, dass wirklich wird, was möglich wäre: Eine menschlichere Atmosphäre im Unternehmen, die zugleich von mehr Effizienz geprägt ist.

Wie Sie selbst mit dieser Situation umgehen, hängt von Ihrem Bedürfnis nach einem Kurzschlaf, ihrem Selbstbewusstsein

---

[57] Ausführlich zu der positiven Wirkung des Kurzschlafes: Dement/Vaughan: Wie man seine Schlafkrisen meistert. In: Der Schlaf und unsere Gesundheit, Seite 344.

sowie der Unternehmenskultur ab. Je nach Betrieb herrschen dort eigene Vorstellungen über einen sachgerechten Umgang mit diesem Thema.

Noch drei Tipps für den erfolgreichen Kurzschlaf:

- Analysieren Sie, welche Bedingungen nötig sind, damit Sie rasch in einen kurzen Schlaf finden können. Benötigen Sie ein Kissen, müssen die Fenster leicht abgedunkelt sein, hilft Ihnen leise Musik …?

- Nach 16.00 Uhr ist es für die meisten Menschen deutlich schwieriger, ein Nickerchen einzulegen. Der Körper hat sich inzwischen wieder auf «wach» programmiert. Legen Sie Ihren Kurzschlaf möglichst auf einen Zeitpunkt zwischen 13.00 Uhr und 16.00 Uhr.

- Stürzen Sie nach dem Schlaf nicht gleich an die Arbeit. Lassen Sie Ihren Körperfunktionen zehn Minuten Zeit, um – bei einem warmen Getränk oder einem Snack – Ihre volle Performance zu erreichen. Wenn Sie sich sofort ins Tagesgeschäft begeben, erledigen Sie zunächst etwas, das Sie intellektuell wenig fordert: Termine eintragen, Post sortieren, Akten ordnen etc.

Es kann vorkommen, dass der Schlaf sich nicht sofort einstellt (trotz starker Müdigkeit und optimalen Rahmenbedingungen). Häufig ist das ein Indiz dafür, dass Sie unter Anspannung stehen und deshalb nicht «abschalten» können. Hält der Zustand an, liefert dies vielleicht einen Anstoß, grundsätzlich über Ihre Auszeitkultur nachzudenken.

IV. Literatur

Dement William C./Vaughan Christopher: Der Schlaf und unsere Gesundheit. Limes Verlag, München 2000.

Wenn es Ihnen leichter fällt, mit einer gesprochenen Anleitung zu üben:
Dr. Thomas Klaus: Das Autogene Training – die CD. Trias Verlag, Stuttgart 2004.

Dyckhoff Peter: Atme auf. Don Bosco Verlag, München 2001.

Prof. Dr. Schultz J. H.: Das Original-Übungsheft für das Autogene Training. Trias Verlag, Stuttgart 2004.

Vaitl Dieter/Petermann Franz: Entspannungsverfahren. Beltz, Weinheim 2004.

Watzlawick Paul/Krieg Peter (Hrsg.): Das Auge des Betrachters. Carl-Auer-Systeme, Heidelberg 2004.

Ausblick

Was wird die Zukunft bringen? Werden Menschen als «Einwohner» der Leistungsgesellschaft in Zukunft mehr Auszeit wagen? Versuchen wir eine Prognose: Während Auszeit und Pause sich für viele Menschen nach wie vor spontan und ungeplant vollziehen, gibt es künftig eine wachsende Zahl von Auszeitlern, denen das nicht mehr genügt. Wie sie ihr Privat- und Berufsleben aktiv gestalten, so kümmern sie sich auch um ihre Auszeit: mit Hingabe, bemüht um Effektivität und Effizienz.

Menschen, welche diesen Weg wählen, haben erkannt, dass eine Lebensführung, die nicht unter ihren Möglichkeiten bleibt, stark davon abhängt, wie gut es gelingt, intensive Einzeiten mit regenerativen Auszeiten zu balancieren. Diesen Timeoutern ist klar: Eine Auszeit, die über ein bisschen Pause hinausgehen soll, ist selten ein Produkt des Zufalls, sondern vielmehr die angenehme Folge treffender Überlegungen. Ob jemand zu diesem Zweck ein Buch zur Hand nimmt, einen persönlichen Berater zuzieht oder selber intensive Überlegungen anstellt, bleibt dem Einzelnen überlassen.

Abseits dieser freiwilligen Auszeiten wird es in Zukunft vermehrt unfreiwillige Auszeiten geben. Treibende Ursache ist die so genannte «arbeitsarme» Gesellschaft: Der Produktivitätszuwachs in der Industrie sorgt bereits seit Jahrzehnten dafür, dass die gleiche Arbeitsleistung mit zunehmend weniger Menschen erbracht werden kann – also auch zukünftig immer weniger Arbeit zu verteilen sein wird.

Zwar vertreten manche Zeitgenossen (speziell Politiker in zeitlicher Nähe zu wichtigen Wahlen) die Idee, dass mit dem richtigen Rezept große volkswirtschaftliche Wachstumsraten erzeugt, ja der Trend bald umgekehrt werden könnte. Wahrscheinlicher ist jedoch, dass, selbst wenn ein wirtschaftlicher Auftrieb die aktuelle Bewegung dämpfen würde, der durchschnittliche Arbeitnehmer künftig Einbußen an seinem Lebenseinkommen in Kauf nehmen wird und dafür an (Aus-) Zeit gewinnt.[58]

Ob es sich bei dieser unfreiwilligen Auszeit um zeitweise Erwerbslosigkeit handelt, eine gekürzte Wochenarbeitszeit oder den früheren Eintritt der Rente – in jedem Fall sieht sich der Betroffene plötzlich mit Fragen befasst, wie er diese Zeit gestalten kann, etwa: «Wie lässt sich Freizeit, also die Zeit außerhalb der Lohnarbeit, sinnvoll nutzen?», «Wie kann ich trotz Erwerbslosigkeit Sinn und Bestätigung finden?». Und nicht zuletzt: «Wie schaffe ich es, mit weniger Einkommen mein Leben zu finanzieren?»

Es scheint, dass Auszeit künftig nicht nur ein Thema sein wird für jene die viel Arbeit haben, sondern auch für jene, die weniger Arbeit haben, als sie möchten; und während jeder einzelne Betroffene seine ganz persönlichen Fragen zur Auszeit stellt und beantwortet, wirkt er daran mit, eine Kultur der Auszeit zu entwickeln. So leistet er einen notwendigen Beitrag zu einer lebenswerten gesellschaftlichen Zukunft. Denn ohne die gut erschlossene Ressource «Auszeit» ist eine Leistungsgesellschaft, die diesen Namen verdient, vermutlich eine vorübergehende Angelegenheit.

[58] Die Diskussion um eine verlängerte Lebensarbeitszeit erscheint vor dem Hintergrund, dass nur jeder Dritte zwischen 60 und 64 überhaupt erwerbsfähig ist, als eine Spiegelfechterei. Wahrscheinlicher ist, nach dem Urteil fachkundiger Beobachter, dass damit der Verzicht auf Einkommen politisch angebahnt wird.